Marcus C. Leitschuh / Fabian Vogt (Hrsg.)

# Die wunderbare Welt der Christenheit

Marcus C. Leitschuh
Fabian Vogt (Hrsg.)

# Die wunderbare Welt der Christenheit

## Von Abendmahl bis Zölibat – so glauben die Konfessionen

Brendow
VERLAG + MEDIEN

Bibliografische Information der Deutschen Nationalbibliothek
Die Deutsche Nationalbibliothek verzeichnet diese Publikation in der Deutschen Nationalbibliografie; detaillierte bibliografische Daten sind im Internet über http://dnb.d-nb.de abrufbar.



ISBN 978-3-86506-298-7

Einbandgestaltung: Brendow Verlag, Moers
Titelfoto: shutterstock
Satz: Satzstudio Winkens, Wegberg
Druck und Bindung: DIP, Witten
Printed in Germany

www.brendow-verlag.de

# Vorwort

Herzlich willkommen in der wunderbaren Welt der Christen! Dieses kleine, heitere Lexikon, das Sie gerade in der Hand halten, versteht sich als eine Art sakraler Reiseführer in die Biosphäre des kirchlichen Lebens – ein einzigartiges Nachschlagewerk, das Ihnen auf unterhaltsame Weise helfen will, sich in den unendlichen Weiten zwischen Himmel und Erde besser zurechtzufinden.

Dafür haben wir eine ganze Reihe geistreicher Autorinnen und Autoren gewinnen können – von der Professorin für Kirchenrecht über den Medienpfarrer bis zum Kirchenkabarettisten. Und die bekamen alle den gleichen Auftrag: »Bitte schreiben Sie Beiträge, die informativ und vergnüglich zugleich sind, ökumenisch ausgewogen und dabei anregend – so, dass man Lust bekommt, selbst weiterzudenken.« Daran haben sie sich auch gehalten. Aber Achtung! Es gab bei der Zusammenstellung der Manuskripte natürlich keine Zensur. Sprich: Jeder Text steht für sich, und wenn Sie eine Aussage in einem der Einträge irgendwie ketzerisch oder zu frech finden, dann melden Sie bitte nicht dieses Buch, sondern nur den Autor bei der Inquisition (→ Inquisition).

Das Querdenken, die Fröhlichkeit und die Entspannung

gehören jedenfalls zum Ansatz unseres Lexikons. Weil wir der Überzeugung sind, dass der christliche Glaube immer auch mit Leichtigkeit zu tun hat. Da, wo alles ganz schwer, hochwürdig und kompliziert ist, merkt man meist wenig von der Liebe, um die sich doch angeblich im Christentum alles dreht. Und die so ganz unterschiedlichen Zugänge der Texter zu ihren Themen zeigen nicht nur etwas von der faszinierenden Vielfalt christlicher Perspektiven, sie machen auch deutlich, dass mehrere kleine Wahrheiten der großen einen Wahrheit manchmal näher kommen als angebliche Absolutheitssätze. Insofern ist dieses Buch ein Arbeitsbuch, weil es dazu verführen will, sich selbst eine Meinung zu bilden.

Diese Meinungsbildung kann immer nur beim selbst Erlebten in der eigenen Konfession beginnen. Deshalb ist dieses Buch auch eine Liebeserklärung an die eigenen Glaubenswege, die Höhen und Tiefen in der eigenen Konfession, an das Liebgewordene, das für andere genau das Fremde und Unverständliche ist. Aus diesen beiden Haltungen erwächst eine neugierige und achtsame Ökumene.

So, und nun wünschen wir Ihnen viel Vergnügen. Genießen Sie die Ausflüge in die wunderbare Welt der Christenheit. Und wenn Sie dabei (noch) ein wenig heimischer werden – umso besser.

*Marcus C. Leitschuh und Fabian Vogt*

# Abendmahl

Über kaum etwas streiten die christlichen Konfessionen so gern und so verbissen wie über das Abendmahl. Was äußerst irritierend ist. Denn ursprünglich war dieses sakrale Essen ein Zeichen liebevollen Miteinanders, ein Fest, bei dem sogar der gemeine Verräter Judas mitfeiern durfte – obwohl er kurz darauf die römischen Soldaten zu Jesus führte. Na, manche Katholiken (→ katholisch) finden Evangelische (→ evangelisch) offensichtlich noch schlimmer als Judasse. (Oder heißt das Judeen?)

Also: Kurz vor seinem Tod traf sich Jesus (→ Jesus) mit seinen Jüngern in Jerusalem zu einem letzten Abendessen, teilte Brot und Wein aus – und ermahnte die Gemeinschaft, ein solches Mahl in Erinnerung an ihn regelmäßig zu wiederholen. Das machen auch alle Kirchen (→ Kirche) bis heute treu und gehorsam in ihren Gottesdiensten (→ Gottesdienst). Krach gibt es nur über die Frage, was Jesus genau meinte, als er sagte: »Dieser Wein ist mein Blut. Dieses Brot ist mein Leib.« Ja, was wollte er uns damit wohl sagen?

Katholiken behaupten: Bei einem Abendmahl (sie nennen das etwas intellektueller »Eucharistie«) werden Brot und Wein wirklich (»real«) zu Fleisch und Blut. Weil das

Brot aber immer noch schmeckt wie Brot (beziehungsweise wie pappige Oblaten mit lustigen Bildchen), findet nach katholischer Lehre ein geheimnisvoller Wandlungsvorgang statt, die »Transsubstantiation«, sprich ungefähr: die Substanz verändert sich innerlich. Schmeckt aber weiterhin pappig.

Martin Luther (→ Luther), der das Abendmahl ebenfalls für ein Sakrament hielt, das die Gegenwart Gottes offenbart, fand den Wandlungsgedanken albern und heidnisch, betonte aber, dass Gott (→ Gott) in den »Gaben« (Brot und Wein) wahrhaft präsent sei. Auch wenn sich die Substanzen nicht verändern. Johannes Calvin ging das immer noch zu weit. Er befand, es sei zwar der Heilige Geist (→ Heiliger Geist) beim Abendmahl anwesend, mit Brot und Wein hätte der Gute aber nichts zu tun. Und Huldrych Zwingli hielt das ganze Geschehen ohnehin für ein symbolisches Ritual.

Dieser Zwist über die wahre Beschaffenheit der am Gaumen klebenden Oblaten mutet absurd an. Und das ist er auch. Jedenfalls für unsichere Kirchenferne. Vor allem ist er hoch theoretisch und hat mit der Sehnsucht der Menschen nach heilvollem Zusammensein nur sehr wenig zu tun. Zum Glück: Gott ist es wahrscheinlich völlig egal, was aus dem Brot wird. Hauptsache, die Menschen die da zusammenkommen, um in seinem Namen zu feiern, haben einander lieb.

*Fabian Vogt*

# Albe

Eine Albe hat nichts zu tun mit Albträumen oder Albdrücken. Eher schon mit dem reinen Schneeweiß der Alpen oder dem Leinwandweiß der Nachtkleidung unserer Vorfahren im 19. Jahrhundert.

Die Albe, benannt nach dem lateinischen Wort »alba« (die Weiße), ist ein fußknöchellanges und langärmeliges Hemd aus makellos weißem oder naturfarbenem Linnen. Es erinnert an das Taufgewand als Kleidung des neuen, von der Sünde (→ Sünde) Adams reingewaschenen Menschen. Als Zeichen der Hoffnung ist auch das Sterbehemd des Menschen weiß. Er verlässt ja die erdenschwere Düsterheit hin ins strahlende Licht der göttlichen Ewigkeit.

In der römisch-katholischen Messfeier (→ Gottesdienst) wird die Albe von zelebrierenden Priestern (→ Pfarrer/Priester) als liturgische Kleidung unter dem Messgewand getragen. Sie ist vielerorts auch das Grundgewand von Diakonen (→ Diakon), Ministranten, Lektoren und Kommunionhelfern. Seit dem Mittelalter wird die Albe zum Hinweis auf die kultische Reinheit der Gottesdiener und ihren Willen zur hingebungsvollen Nachfolge des sündlosen, verklärten und auferstandenen Menschensohns (→ Christus).

Beflügelt durch den Wunsch nach ökumenischer Zeichensetzung wird die Albe von evangelisch-lutherischen Geistlichen mittlerweile auch hier und da bei Osternachts- und Abendmahlsfeiern getragen – und nicht nur der schwarze Luthertalar (→ Talar). Doch trug der ehemalige

Augustinermönch selbst, anders als seine späteren Amtskollegen, bei seinen Gottesdiensten Albe, Stola und Messgewand über seinem schwarzen Ordensgewand.

In den Achtzigerjahren bat eine Gruppe von evangelischen Pastoren ihren Bischof um die Erlaubnis, eine farbenfrohere Liturgiekleidung tragen zu dürfen. Seine strikte, lakonische Antwort: »Dann, meine lieben Mitbrüder, bleibt Ihnen nichts anderes übrig, als römisch-katholisch zu werden.«

*Bruder Paulus Terwitte*

# Altar

Eigentlich findet man ihn in jeder Kirche: den Altar. Meist handelt es sich dabei um einen Stein, einen Tisch oder ein unförmiges Etwas, auf dem die Bibel (→ Bibel), die Altarkerzen und andere gottesdienstliche Dinge stehen und liegen. Manchmal ist das Ding prächtig zum »Hochaltar« aufgerüstet (sprich: unendlich verziert und bebildert), manchmal aber auch nur ein schlichter Klapptisch. Aber immer steht er – wie könnte es anders sein: im Altarraum. Oftmals auf einem Podest oder einigen Stufen, damit man ihn besser sehen kann.

Die unterschiedlichen Gestaltungsformen des Altars hängen mit dem jeweiligen theologischen Verständnis einer Konfession zusammen. In die christliche Gemeinschaft eingeführt wurde der Altar zu Beginn der Kirche (→ Kirche) wohl in Erinnerung an den Altar im Jerusalemer Tempel – der allerdings noch ein Opferaltar war, also ein

Stein, auf dem Tiere rituell geschlachtet wurden, um Gott (→ Gott) gnädig zu stimmen und sein Wohlwollen zu erwirken.

Martin Luther (→ Luther) befand, dass in den katholischen Gottesdiensten (→ Gottesdienst) immer noch etwas von diesem überholten Opfergedanken zu spüren sei (obwohl doch Jesus (→ Jesus) am Kreuz das ultimative Opfer für die Menschen gebracht habe) und deutete den Altar um. Für ihn war die Bedeutung als Tisch der Abendmahlsgemeinschaft (→ Abendmahl) wichtiger. Und weil der Reformator die Heiligenverehrung (→ Heilige) ablehnte, wollte er auch keine Reliquien (meist kleine Stücke von toten Vorzeige-Christen) mehr darin eingemauert haben – was bei den Katholiken (→ katholisch) bis heute der Fall ist. Johannes Calvin legte sogar Wert darauf, dass ein Altar immer mobil ist, um so jede sakrale Überhöhung des Tisches zu unterbinden.

Manche Paare erinnern sich übrigens zeitlebens daran, wie es war, als sie gemeinsam zum Altar gingen. Der hieß dabei kurze Zeit Trau-Altar. Mit welchen Gefühlen dieser Gang passierte, sei hier offengelassen.

*Fabian Vogt*

## Amen

Das Wort Amen bedeutet so viel wie »Es sei« oder auch »Ja, gewiss«. Im Hebräischen hat Amen außerdem die Bedeutungen »wahr« bzw. »wahrlich«, »recht« im Sinne von »richtig« und »gültig«. Zu verstehen ist das Amen als

Akklamationsformel (Bekräftigung) am Ende eines Gebets (→ Gebet). Damit wird betont, dass die geäußerten Wünsche durch Gott (→ Gott) direkt in Erfüllung gehen sollen. Es wird in der Regel auch am Ende einer Predigt gesprochen und vom Predigenden gerne als »So ist es – und nicht anders!« verstanden, die Hörenden verstehen Amen eher als Signal für »Endlich fertig!«.

Gerhard Schröder wandelte als Bundeskanzler sein Amen um in »Basta!« Eine schöne Erklärung gibt es auch im Heidelberger Katechismus aus dem Jahr 1563: »Amen heißt: Das ist wahr und gewiss! Denn mein Gebet ist von Gott viel gewisser erhört, als ich es in meinem Herzen fühle, dass ich dies alles von ihm begehre.«

*Volker Schmidt-Bäumler*

# Anbetung

Anbeten bedeutet im Hebräischen so viel wie »sich niederwerfen« oder »sich unterwerfen«. Im ersten Buch Mose bekommt die Anbetung sogar fast tragische Züge. Gott (→ Gott) stellt den Urvater Abraham nämlich auf eine Probe: Er soll seinen einzigen Sohn opfern. Abraham geht deshalb sehr früh zur Opferstätte und sagt seinen Knechten: »Bleibt mit dem Esel hier! Ich will mit dem Knaben hingehen und anbeten; dann kommen wir zu euch zurück.« Was also tut Abraham auf dem Berg Mora-i? Antwort: Er hat von Gott eine Weisung bekommen und unterwirft sich dieser. Er gibt Gott alles zurück, was er von ihm empfangen hat.

In dieser herausfordernden Geschichte wird das Wesentliche über Anbetung ausgedrückt. Was löst Anbetung aus? Das Reden Gottes. Was ist Anbetung deshalb dem innersten Wesen nach? Sich Gott unterwerfen – seinem Reich, seiner Kraft, seiner Herrlichkeit, seiner Herrschaft. Und meistens wurde das Unterwerfen auch körperlich zum Ausdruck gebracht. Aber wer geht heute noch beim Beten (→ Gebet) auf die Knie oder legt sich auf die Erde? Immerhin haben einige Christen mittlerweile gelernt, dass man die Hände beim Beten auch hochhalten darf, im Sinne von: »Guck mal, Gott, nix drin, kannst du bitte mal vollmachen? Guck mal, wie dreckig, kannst du mal saubermachen?« Mit offenen Händen vor Gott stehen, wie ein Bankräuber vor dem Sheriff, und sich ergeben und kapitulieren mit dem Bewusstsein: »Gott soll mich erfüllen mit Liebe, Gerechtigkeit und Barmherzigkeit.« Übrigens: Wer mit offenen Händen vor Gott stehen will, muss vorher alles andere loslassen …

Bei Abraham fehlte eigentlich fast alles, was heute in frommen Kreisen unter Anbetung verstanden wird. Da war kein Gesang, keine Musik (→ Musik), kein festlicher Rahmen, keine Hochstimmung. Es fehlten sogar die Worte. Doch das war in Ordnung. Das Wesentliche an der Anbetung ist nämlich, dass ich mich vor dem neige, der größer ist als ich. Alles andere bleibt Beiwerk.

*Arno Backhaus*

# Apfel

Der Apfel gilt als älteste kultivierte Frucht der Erde und ist ein Gesundheits-Allroundtalent! Äpfel sind Energiespender und reich an Vitamin C und Kalium. Besonders wertvoll ist das Apfelpektin, das sich positiv auf den Blutfettspiegel auswirkt und gegen Dickdarmkrebs vorbeugen kann.

Im Mittelalter fand der Apfel als Zeichen der Macht von Kaisern und Königen Verwendung im Reichsapfel. Möglicherweise wird deshalb auch New York gerne als »Big Apple« bezeichnet – als Symbol für Macht und Können. Der derzeit größte Apfel der Welt kommt übrigens aus England, ist 1,38 kg schwer und hat mit 53 cm den gleichen Umfang wie ein Kinderkopf!

Äpfel gab es auf den Feinschmeckertafeln römischer Feldherren ebenso wie in den Obstgärten von Karl dem Großen, der aufgrund seiner Vorliebe für Äpfel zahlreiche Apfelbäume anpflanzen ließ. Der Begriff des Zankapfels als Streitobjekt übrigens rührt aus einer griechischen Sage, in der Eris – die Göttin der Zwietracht – einen Apfel mit der Aufschrift »Der Schönsten« unter die Hochzeitsgäste von Thetis und Peleus warf, was zum Streit (klar: Weiber!) und in der Folge zum Trojanischen Krieg führte.

Auch in der biblischen Überlieferung (→ Bibel) spielt der Apfel eine tragende Rolle, denn bekanntlich wurden Adam und Eva aufgrund des Verzehrs eines Apfels vom Baum der Erkenntnis aus dem Paradies vertrieben. Damit wurde in frommen mittelalterlichen Ausschmückungen auch der »Adamsapfel« des Mannes erklärt: Demnach blieb Adam nach dem Biss in die verbotene Frucht ein Stück in der Kehle stecken – als stets erkennbare Erinnerung an die Erbsünde (→ Sünde), gewissermaßen als augenfälliger Restbestand jenes »alten Adam«, den jeder Mensch in sich trägt.

Interessanterweise ist aber im Alten Testament (→ Bibel) nur von einer »Frucht« die Rede. Das gängige Bild vom Apfel als verbotener Paradiesfrucht beruht also gar nicht auf der Bibel, sondern auf einer falschen Übersetzung des lateinischen Wortes »malum«, das sowohl »böse« als auch »Apfelbaum« bedeuten kann. Wäre ja auch schade, wenn der Apfel als Ursymbol des menschlichen Abfalls von Gott (→ Gott) herhalten müsste. In der Konsequenz würde das sonst für einen ernsthaft frommen Gläubigen zum Verzicht auf heißen Apfelstrudel mit Vanillesoße führen. Eine furchtbare und bei nüchterner Betrachtung keinesfalls gottgemeinte Vorstellung!

Schließlich gilt nach wie vor die englische Volksweisheit, die aber auch auf Deutsche zutrifft: »An apple a day keeps the doctor away« (besonders beliebt bei Arztgattinnen).
*Volker Schmidt-Bäumler*

## Aschenkreuz

Bis ins 10. Jahrhundert wurden im Gedenken an die Vertreibung Adam und Evas aus dem Paradies (→ Apfel) Sünder (→ Sünde) aus der Kirche (→ Kirche) vertrieben. Sie zogen Bußgewänder an und ließen sich Asche auf den

Kopf streuen. Den Ausspruch »Asche auf mein Haupt« (als Schuldeingeständnis) kennen wir als Redewendung noch heute.

Der Name »Aschermittwoch« kommt von dem Brauch, in der Heiligen Messe (→ Messe) am Aschermittwoch die Asche vom Verbrennen der Palmzweige des Vorjahres zu segnen und die Gläubigen mit einem Kreuz aus dieser Asche zu bezeichnen. Dabei wird die Vergänglichkeit betont. Der Staub, aus dem wir entstammen, wird nämlich auch am Ende aller individuellen Biologie stehen. Doch das Kreuz ist auch Schmuck. Am Aschermittwoch ist eben nicht alles vorbei, so wie auch das Kreuz nicht das letzte Wort hatte, sondern vielmehr den Beginn des echten Lebens markiert (→ Ostern).

Als Kind besuchten wir den Schulgottesdienst. Dafür gab und gibt es für alle katholischen Kinder noch heute zwei Stunden schulfrei. Allerdings: So schön der Gottesdienst (→ Gottesdienst) auch war, das Aschenkreuz hinterher auf dem Schulhof sichtbar auf der Stirn zu lassen und nicht verschämt abzuwischen fiel schwer. Ein Piercing oder ein Tattoo ist halt modischer und anerkannter. Aber mindestens genauso komisch.

*Marcus C. Leitschuh*

# Atheismus

Landläufig versteht man unter Atheisten diejenigen, die den Glauben an Gott (→ Gott) oder an mehrere Götter ablehnen. Spitzfindige Menschen unterscheiden dabei zwischen dem schwachen Atheismus (dem fehlenden Glauben an Gott) und dem starken Atheismus (dem Glauben daran, dass überhaupt kein Gott existiert). Streng genommen sind beide Varianten gar nicht so weit entfernt vom Lebensgefühl eines gläubigen Menschen: Ihm mangelt es nämlich auch oft am Vertrauen auf Gott und auch er kann seine Auffassung nicht beweisen, fühlt sich aber durch seine Lebenserfahrung in ihr bestätigt.

Während die meisten »schwachen« Atheisten Gott ganz locker einen guten Mann sein lassen und sich nicht zu viele Gedanken über ihn machen, entwickeln manche »starke« Atheisten einen geradezu missionarischen Eifer im Kampf gegen den Glauben (→ Glauben). Allerdings hat der starke Atheismus ein massives erkenntnistheoretisches Problem: Die Bedeutungen der Begriffe »Gott« und »Existenz« sind so unglaublich vielschichtig, dass man letztlich immer nur bestimmte Vorstellungen von Gott ablehnen kann. Und damit ist eine solche Einstellung ganz dicht am biblischen (→ Bibel) Gebot: »Du sollst dir kein Bild von Gott machen!« Anders ausgedrückt: An den Gott, an den ein Atheist nicht glaubt, sollte ein gereifter Christ auch nicht glauben (→ Christen/Christinnen).

*Martin Schultheiß*

## Auferstehung

Paulus, der erste christliche Theologe, befand: »Wenn Jesus Christus nicht auferstanden ist, dann ist all unser Glaube sinnlos.« Und tatsächlich steht der Glaube (→ Glauben) an die leibhaftige Auferstehung des Sohnes Gottes (→ Christus) im Zentrum der Theologie: Der gefeierte Wanderprediger Jesus (→ Jesus), der an Karfreitag die Schuld der Menschen am Kreuz auf sich nahm und damit stellvertretend alles überwand, was die Geschöpfe von ihrem Schöpfer trennen könnte, dieser Mann blieb nur drei Tage im Grab und schlug dann dem Tod ein Schnippchen. Stand wieder auf. Und zeigte sich strahlend seinen Jüngern.

Die Erfahrung, dass Gott (→ Gott) den Tod überwinden kann und allen Menschen zusagt, dass auch sie den Tod nicht mehr fürchten müssen, hat die christliche Gemeinschaft von Anfang an zutiefst geprägt. Darum wird bis heute weltweit am Ostersonntag, dem Auferstehungstag, der berühmte Ostergruß gesprochen: »Christus ist auferstanden. Er ist wahrhaftig auferstanden.«

Und wenn es stimmt, dass die Todesangst die Mutter aller Ängste ist, wird auch einsichtig, warum Christinnen und Christen (→ Christen/Christinnen) aufgrund des Osterereignisses entspannter und gelassener leben können: Sie wissen, dass sie nicht tiefer fallen können als in Gottes Hand.

Natürlich hat es immer wieder Theorien gegeben, nach denen die Jünger Jesu oder irgendwelche bösen Buben den Leichnam gestohlen hätten, um die Römer zu täuschen oder die Weltgeschichte hinterhältig zu verändern – doch zumindest die Konsequenzen des Auferstehungserlebnisses waren ganz eindeutig: Die Bibel erzählt, dass Jesus mehr als 500 Personen nach Ostern begegnete, woraufhin diese ihr ganzes Dasein veränderten und die Kraft bekamen, für diese frohe Botschaft sogar ihr Leben zu riskieren.

Angelus Silesius, ein barocker Dichter, betonte dennoch, dass die Auferstehung immer auch eine persönliche Sache sei, die man selbst erfahren und umsetzen müsse: »Halt an, wo läufst du hin, der Himmel ist in dir: Suchst du Gott anderswo, du fehlst ihn für und für.«

*Fabian Vogt*

# Beffchen

Menschen sind optische Wesen. Und das eigenartige Sein des evangelischen Pastors (→ Pfarrer/Priester) erkennt man als ans Farbenfrohe gewohnter Katholik am schnellsten am schwarzen Talar mit dem »Beffchen«. Um 1700 gehörte diese Halsbinde mit zwei auf die Brust herunterhängenden Leinenstreifen zur bürgerlichen Tracht der Männer. Im 19. Jahrhundert ordnete König Friedrich Wilhelm III. Beffchen und schwarzen Talar dann als liturgische Kleidung im evangelischen Gottesdienst (→ Gottesdienst) verbindlich an.

Pfarrerinnen und Pfarrer der lutherischen Tradition tragen die beiden weißen Streifen etwa im Winkel von 30 Grad auseinander. Die reformierten Stoffe sind dagegen fest verbunden. Und in evangelisch-unierten Kirchen gibt es noch eine Mischform. Was heute auf die religiöse Richtung des Geistlichen und sein Amt hinweist, hatte ursprünglich aber durchaus auch praktische Gründe: Es sollte zum Schutz des Talares (→ Talar) vor dem Bart des Geistlichen getragen werden.

Im Zuge der Ökumene verändern sich allerdings auch die Kleiderfragen. Eine schmucke Stola ergänzt den protestantischen Talar heute vielerorts. Vielleicht verlängert sich im Zuge der ökumenischen Evolution der katholische römische Pfarrerkragen auch irgendwann zum Beffchen. Oder umgedreht. Immerhin sieht man den weißen bzw. violetten Kragen inzwischen auch bei einigen evangelischen Bischöfen. Wer weiß. Mode ist nie für Jahrhunderte.

*Marcus C. Leitschuh*

## Beichte

»Du, ich muss dir was beichten« – wenn einer so ankommt, dann hat er etwas ausgefressen. Zugleich ahnt er aber: Wenn ich von meinen Untaten erzähle, kann ich eine Last loswerden und endlich wieder freier atmen. Und wenn das für die Beziehung zwischen zwei Menschen gilt, dann erst recht für die Beziehung zu Gott (→ Gott). Nicht umsonst steht dieser Gedanke im Kern der Botschaft Jesu (→ Jesus): »Tut Buße!«, fordert er die Menschen auf. Und die Beichte ist gewissermaßen die äußere Form der inneren Umkehr.

Natürlich gibt es auch andere Formen, wie wir nicht erst seit dem berühmten Bußgang Heinrichs IV. nach Canossa wissen. Im frühen Christentum (→ Christen/Christinnen) waren vor allem Beten (→ Gebet), Fasten und Almosen als Bußformen en vogue. Die Einzelbeichte verbreitete sich dann durch die irischen Mönche im 6. und 7. Jahrhundert. Die genaue Ausgestaltung der Beichte wurde schließlich im Konzil von Trient (1545–63) festgelegt: Zur Reue und dem Sündenbekenntnis (→ Sünde) gehört demnach vor der Lossprechung noch eine Bußleistung. So ganz biblisch ist das nicht. Aber andererseits weiß jeder, dass es guttun kann, den Neuanfang mit einem symbolischen Handeln zu verbinden.

Für die Protestanten (→ Reformation) hat die Beichte nicht mehr den Status eines Sakraments. Viele finden, dass dadurch etwas verloren gegangen ist. Dabei hätte Luther (→ Luther) selbst die Beichte beinahe noch als drittes Sakrament nach Taufe (→ Taufe) und Abendmahl (→ Abendmahl) aufgenommen! So oder so können Christen einander ihre Sünden bekennen. Ob mit oder ohne Beichtstuhl. Der schützende Rahmen einer vertrauensvollen Beziehung unter Gläubigen tut es eben auch. Oder man wartet, bis mal wieder Buß- und Bettag ist: In den besonderen Gottesdiensten (→ Gottesdienst) zu diesem Tag haben Beichte und Absolution (Lossprechung) auch im evangelischen Raum ihren prominenten Platz.

*Ingo Schütz*

# Beichtgeheimnis

Wer beichtet, legt ab, was die Seele belastet. Wer beichtet, deckt auf, was auf der Seele lastet. Manch einer bringt ganze Laster mit in den Beichtstuhl und fragt sich, ob sie wohl Platz darin finden. Aber das ist völlig in Ordnung – dafür ist die Beichte ja gedacht: Mit einem ganzen Fuhrpark schwerer Laster kommen, dem Beichtvater die Schlüssel in die Hand drücken und sich im Sportwagen wieder verabschieden. »Mühselig und beladen kam ich, mit Vergebung und voll Hoffnung ging ich meiner Wege.«

Die Kirche (→ Kirche) hat früh erkannt, dass für diese Urerfahrung des christlichen Glaubens (→ Glauben) ein geschützter Rahmen nicht nur hilfreich, sondern dringend nötig ist. Denn die alte Volksweisheit gilt hier natürlich besonders: »Es ist ein albern Schaf, das dem Wolfe beichtet.« Daher kennt man in allen Kirchen das Beichtgeheimnis: Der Beichtvater ist zu strengster Verschwiegenheit verpflichtet über alles, was in der Beichte zur Sprache kommt. Das gilt auch gegenüber sämtlichen staatlichen und kirchlichen Stellen – und sogar dann, wenn sein eigenes Leben durch das Schweigen bedroht ist. Er darf auch niemanden auf eine frühere Beichte ansprechen. Sollte er in der Beichte von einem schweren Verbrechen erfahren, wird er den Beichtenden normalerweise auffordern, sich zu stellen, und dies sogar unter Umständen zur Voraussetzung für die Lossprechung machen. Die Entscheidung bleibt aber beim Beichtenden. In den meisten Ländern ist das Beichtgeheimnis auch staatlicherseits voll anerkannt, sodass etwa Lauschangriffe auf einen Beichtstuhl verboten sind.

Das Seelsorge- und Beichtgeheimnis ist seit 1215 schriftlich im Kirchenrecht der römisch-katholischen Kirche verankert (»Das Beichtgeheimnis ist unverletzlich.«). Die direkte Übertretung wird mit Exkommunikation (→ Exkommunikation) bestraft. Somit gilt das Beichtgeheimnis rechtsgeschichtlich als eine der ältesten Datenschutzvorschriften, auch wenn es keine Erfindung der Kirche ist. Bereits der Eid des Hippokrates enthält eine Selbstverpflichtung zur Verschwiegenheit: »Was ich bei der Behandlung sehe oder höre oder auch außerhalb der Behandlung im Leben der Menschen, werde ich, soweit man es nicht ausplaudern darf, verschweigen und solches als ein Geheimnis betrachten.« Im antiken Rom hängte man bei Zusammenkünften eine Rose an die Decke und erinnerte die Anwesenden damit an ihre Pflicht zur Geheimhaltung. Die geschnitzte Rose in Beichtstühlen dient heute noch dem gleichen Zweck: Ist etwas »sub rosa dictum« – unter der Rose gesagt, dann muss es geheim bleiben.

Auch evangelische Geistliche haben das in den Pfarrdienstgesetzen der Landeskirchen geregelte Beichtgeheimnis zu beachten. Es ist »unverbrüchlich«. Selbst eine Entbindung durch den Beichtenden ist daher, anders als beim davon zu unterscheidenden Seelsorgegeheimnis, unmöglich.

*Jakob Friedrichs*

# Beichtstuhl

Eine Pfarrerserie kann noch so modern gemacht sein: Wenn es um das Thema Beichte (→ Beichte) geht, sitzt der katholische Pfarrer (→ Pfarrer/Priester) weiterhin in einem barocken Beichtstuhl. Dunkles Holz. Altmodische Schnitzereien. Ein Samtvorhang in der Mitte. Kameraschwenk auf den vor einem Gitter knienden Beichtenden. Das Ohr das Pfarrers ihm zugewandt. »Ja, mein Sohn, geh hin und sündige nicht mehr«, sagt der Pfarrer und gibt ihm noch auf, zehn Vaterunser zu beten.

Ich bin jetzt schon einige Jahrzehnte Katholik (→ katholisch) und habe so eine Szene noch nie erlebt. Als Kind hatte ich freilich vor dem Beichtstuhl ebenso viel Angst wie vor dem Zahnarztstuhl. Die Beichte fand dann aber in der Sakristei oder einem normalen Raum statt und ich saß dem Pfarrer mehr oder weniger entspannt auf einem Stuhl gegenüber. Egal welcher Raum, es gilt Verschwiegenheit (→ Beichtgeheimnis), und dass am Ende die Lossprechung der Sünden durch den Priester geschieht. Wer seine Fehler bereut und den Vorsatz zur Besserung hat, erlangt von Gott Vergebung, die auch durch das Scheitern der Menschen nicht geschmälert ist.

Bis ins 18. Jahrhundert gab es auch in lutherischen Kirchen vielerorts prachtvolle Beichtstühle, allerdings nicht bei den Reformierten, wo die allgemeine Vergebung der Sünden (→ Sünde) durch die Gnade Gottes (→ Gott) und das Schuldbekenntnis aller Gläubigen (→ Glauben) am Anfang jedes Gottesdienstes (→ Gottesdienst) ins Bewusstsein gerückt wurde.

Wie bei so vielem gilt: Wem ein barocker Beichtstuhl hilft, der mag ihn nutzen. Seinen Zweck erfüllt ein Beichtzimmer genauso wie jede andere Form, die dazu beiträgt, kritisch auf das eigene Leben zu schauen und die Liebe Gottes durch alle Schuld erfahrbar zu machen.

*Marcus C. Leitschuh*

## Bekehrung

Während in den großen Volkskirchen (→ Kirche) viele Gläubige (→ Christen/Christinnen) in ihre Tradition von Kind auf hineinwachsen und das auch bewusst so gefördert wird, spielt in kleineren christlichen Gruppierungen die Hinwendung von einem gottfernen, sündigen (→ Sünde) Leben zu einer geordneten christlichen Lebensweise eine wichtige Rolle. Diesen Vorgang nennt man »Umkehr« oder »Bekehrung«. Wörtlich bedeutet der griechische Ausdruck »metanoia« so viel wie »Umdenken« oder »Sinneswandel«. Martin Luther (→ Luther) bevorzugte in seiner Bibelübersetzung (→ Bibel) das für heutige Menschen äußerst missverständliche Wort »Buße«, das fürchterlich nach Strafandrohung und Selbstkasteiung klingt, aber eigentlich eine bewusste Hinwendung zum Leben meint. Deshalb kann man auch niemand anderen bekehren, sondern immer nur sich selbst.

Der Glaube (→ Glauben) ist in diesem Fall Folge einer bewussten Entscheidung für Jesus (→ Jesus) und manche Christen sind stolz darauf, den Zeitpunkt ihrer Bekehrung auf die Minute genau angeben zu können. Allerdings haben Untersuchungen in England gezeigt, dass der Prozess der Umkehr tatsächlich im Durchschnitt etwa vier Jahre in Anspruch nimmt. Und es ist sicherlich im Sinne Jesu, die Bereitschaft zum Sinneswandel auch nach einer erstmaligen Bekehrung aufrechtzuerhalten – sonst droht nämlich die Erstarrung im Dogmatismus. Vielleicht stimmt sogar dieser freche Satz: »Der Mensch muss sich zweimal bekehren: einmal vom natürlichen Menschen zum geistlichen und dann wieder vom geistlichen Menschen zum natürlichen« (Johann Christoph Blumhardt).

*Martin Schultheiß*

# Bekenntnis

Man kann »Farbe bekennen«, sich »schuldig bekennen«, sich zu seiner Herkunft oder zu seinen Mitmenschen bekennen, aber man kann nicht bekennen, dass der Energieerhaltungssatz gilt. Den muss ein guter Physiker nicht tapfer bekennen, sondern ordentlich begründen können. In der Physik gibt es deshalb keine »Newtonianer« oder »Einsteinianer«, weil es einer guten Idee egal ist, wer sie formuliert.

Im christlichen Bereich spielt das Bekenntnis jedoch eine große Rolle, und zwar in Form der Konfession (lat. confessio = »Geständnis, Bekenntnis«). In diesem Zusammenhang ist sie ein anderer Ausdruck für die Zugehörigkeit zu einer bestimmten Glaubensgemeinschaft, die sich in gewissen Inhalten von anderen unterscheidet. Diese Abgrenzung war übrigens schon Paulus ein Dorn im Auge und er wettert zu Beginn des 1. Korintherbriefes heftig gegen die Tendenzen zu Spaltungen in der Gemeinde.

Da die frühe Kirche (→ Kirche) im Lauf ihrer Geschichte immer wieder in den Konflikt zwischen einer Öffnung für alle Menschen einerseits und der Bewahrung der eigenen Identität andererseits geriet, hat sie schon früh ihre Grundidentität in Form des sogenannten »Apostolischen Glaubensbekenntnisses« formuliert, das in seinen Grundzügen schon im 2. Jahrhundert entstand, seit Anfang des 5. Jahrhunderts nahezu unverändert erhalten geblieben ist und auch heute noch die meisten evangelischen (→ evangelisch) und katholischen (→ katholisch) Kirchen miteinander verbindet, indem es wesentliche Eckpunkte der christlichen Lehre thesenartig zusammenfasst.

Angesichts der im Detail oft nur sehr holprig funktionierenden Ökumene ist dieser Text damit von unschätzbarer strategischer Wichtigkeit für den Zusammenhalt der Christenheit. Aufgrund seines Alters kann er aber die neueren Erkenntnisse historisch-kritischer Bibelforschung natürlich nicht berücksichtigen, sodass hier an einigen Stellen eine gewisse Lücke zwischen theologischer Wissenschaft und kirchlicher Tradition klafft. Es wird bestimmt noch lange dauern, bis dafür eine allgemein akzeptierte Lösung gefunden wird. Bis dahin werden wohl die wissenschaftlich orientierten Christen (→ Christen/Christinnen) einige Zeilen etwas leiser murmeln müssen …

*Martin Schultheiß*

# Bergpredigt

Ziemlich am Anfang des Neuen Testaments (→ Bibel), in den Kapiteln 5 bis 7 des Matthäusevangeliums, findet sich eine hoch verdichtete Sammlung von Kernaussagen Jesu (→ Jesus), der unter der Bezeichnung »Bergpredigt« auch in außerchristlichen Kreisen viel Respekt entgegengebracht wird. Sie steht in verkürzter Fassung auch im 6. Kapitel des Lukasevangeliums (dort heißt sie originellerweise »Feldrede«).

Die Bergpredigt fasst alles zusammen, was die Christen schon immer an Jesus inspiriert, verwundert, irritiert oder geärgert hat: Sie beginnt mit den Seligpreisungen, mit denen sich Jesus zu allen Gutmenschen bekennt, mögen sie auch noch so sehr verspottet oder gar bekämpft werden. Dann geht es weiter mit der Motivation »Ihr seid das Licht der Welt!«, gefolgt von Ausführungen über eine radikale Ethik, die in der Feindesliebe gipfelt. Anschließend kommt eine entschiedene Absage an fromme Heuchelei in ihren diversen Erscheinungsformen, darin eingebettet das Vaterunser und die Empfehlung, sich nicht von Sorgen den Alltag vermiesen zu lassen. Mit der Verheißung »Bittet, so wird euch gegeben!« und dem Hinweis, dass dieser Weg zu einem erfüllten Leben ein Programm für Minderheiten ist, endet die Bergpredigt. Genug Stoff, um sich ein Leben lang damit auseinanderzusetzen. Zum Abschluss macht Jesus unmissverständlich klar, dass es ihm hier nicht um unerreichbare Sonntagspredigt-Ideale geht, sondern um handfeste Strategien, mit denen man die Stürme des Lebens übersteht, weil man sein Haus mit diesen Werten auf Felsen statt auf Sand baut.

Dass dieser Text auch nach 2000 Jahren noch inspirierend, revolutionär und aktuell ist, haben der Hindu Mahatma Gandhi und der Baptistenpastor Martin Luther King mit ihrem Konzept des gewaltlosen Widerstands erfolgreich bewiesen. Schade, dass er nicht öfter in den Kirchen (→ Kirche) verlesen wird.

*Martin Schultheiß*

# Bibel

Die Bibel ist die heilige Schrift der Christinnen und Christen (→ Christen/Christinnen), eine Zusammenfassung geistlicher Texte und Geschichten aus mehr als tausend Jahren (ca. 1200 vor Christus – 100 nach Christus). Während der erste Teil, das sogenannte Alte Testament, die Geschichte Gottes (→ Gott) mit seinem Volk Israel erzählt, berichtet der zweite Teil vom Auftreten des einzigartigen Wanderpredigers Jesus (→ Jesus), der als Sohn Gottes den Menschen die Liebe seines Vaters ganz neu verkündigen und vorleben wollte. Weil die Bibel aus so vielen verschiedenen Quellen zusammengestellt wurde, nennt man sie auch eine »kleine Bibliothek« oder das »Buch der Bücher«.

Gerungen wird seit Jahrhunderten um die Frage, wie man die Bibel denn am besten verstehen kann. Und während die Katholiken (→ katholisch) die Texte nur als einen Teil der fortschreitenden Offenbarung Gottes ansehen, betonte Luther (→ Luther), dass »sola scriptura« (»die Schrift allein«) die wahre Botschaft des Heils beinhalte. Die in vielen frommen Kreisen vorherrschende Vorstellung, jedes Wort der Bibel sei von Gott selbst inspiriert, ist dagegen historisch sehr jung. Sie stammt aus dem 19. Jahrhundert, als man sich gegen die immer stärker werdende Aufklärung abgrenzen wollte. Tatsache bleibt: Die Bibel ist eine Sammlung von Erfahrungsberichten begeisterter Menschen, die gar nicht anders konnten, als ihre wunderbaren Erlebnisse mit Gott zu Papyrus zu bringen. Darum ist sie durchdrungen von der Gegenwart Gottes. Was uns nicht davon befreit, ihre Botschaft immer wieder neu zu interpretieren und in die Gegenwart zu übertragen.

Mit Berufung auf Martin Luther, der die bis ins 16. Jahrhundert für das Volk kaum zugängliche Bibel allen Menschen nahebringen wollte, schwören viele Christinnen und Christen bis heute darauf, sich regelmäßig Zeit zu nehmen, um in der Bibel zu lesen. Etwa jeden Morgen zehn Minuten. Und weil die Texte nicht immer gleich zugänglich sind, gibt es inzwischen jede Menge neuer Übersetzungen und Kommentare, die helfen, dieses Buch des Lebens zu entdecken.

*Fabian Vogt*

## Bischof

Man stelle sich zehn evangelische und zehn katholische Bischöfe vor. Auf der einen Seite lauter bunte (besser gesagt: rot-weiß-schwarze) Farbenpracht mit allerlei Verzierungen, auf der anderen Seite schwarze Talare oder sogar nur Anzug und Krawatte. Umso bunter sind in der evangelischen Kirche die Bezeichnungen für Bischöfe. Vom »Schriftführer« in Bremen bis zum »Kirchenpräsidenten« in Hessen-Nassau; vom »Präses« im Rheinland bis zum »Bischof« in Kurhessen-Waldeck. Vielfalt und Buntheit nach innen.

Ist von »Bischof« und »bischöflich« in der katholischen (→ katholisch) Kirche (→ Kirche) die Rede, ist in der Regel der Diözesanbischof in Abhebung zum Titularbischof gemeint. Während der Diözesanbischof Leiter einer Diözese ist, wird der Titularbischof (auch Koadjutor- oder Auxiliarbischof genannt) einer bestimmten Diözese zur Unterstützung des Diözesanbischofs zugewiesen oder mit anderen Aufgaben in der Kirche betraut. Der (Diözesan-)Bischof hat zur Erfüllung seines Leitungsdienstes in der ihm anvertrauten Diözese alle ordentliche, unmittelbare und eigenberechtigte Vollmacht, die zur Ausübung seines Hirtendienstes erforderlich ist.

Als Hirte der ihm übertragenen Diözese ist der Bischof für seine Diözese Gesetzgeber, Verwalter und Richter, rechtlicher Vertreter, Leiter der Verkündigung, des Heiligungsdienstes, der Pastoral und des Apostolats und Hüter der kirchlichen Disziplin. Während der Bischof sich im Bereich der Verwaltung und der Rechtsprechung vertreten lassen kann, ist und bleibt er der einzige Gesetzgeber in seiner Diözese.

Zum Aufgabenkatalog des Bischofs gehört nicht nur, sich um alle Gläubigen (→ Christen/Christinnen) seiner Diözese zu kümmern, sondern auch das ökumenische Anliegen, das Bemühen um eine tiefere Einheit mit den getrennten Kirchen und kirchlichen Gemeinschaften zu fördern und sich auch um die Nichtchristen bzw. Nichtgetauften zu sorgen. Darüber hinaus hat er seine Ortskirche regelmäßig zu visitieren, in ihr persönlich anwesend zu sein sowie für seine Gläubigen und deren Anliegen an Sonn- und Feiertagen die Eucharistie (→ Abendmahl) zu feiern.
*Sabine Demel*

# Blasiussegen

Katholiken (→ katholisch) sind praktische Menschen. Sie glauben zum Beispiel: Man muss nur eine Kerze für den heiligen (→ Heilige) Antonius anzünden und schon findet man verlorene Sachen wieder. Soll zumindest helfen. Vielleicht hilft es auch einfach, sich in der ruhigen Minute des Kerzenaufstellens mal konzentriert Gedanken zu machen, wo der verlorene Gegenstand liegen könnte, statt hektisch durch die Wohnung zu irren.

Ebenso praktisch ist der Blasiussegen gegen Halskrankheiten. Das Datum des Blasiussegens ist der Gedenktag des Heiligen, der 3. Februar. Oft wird er aber auch erst am folgenden Sonntag nach dem Gottesdienst gespendet. Der Priester (→ Pfarrer/Priester) oder Diakon hält dem Gläubigen (→ Glauben) zwei gekreuzte brennende Kerzen in Höhe des Halses vor. Dabei spricht er: »Auf die Fürsprache des heiligen Blasius bewahre dich der Herr vor Halskrankheit und allem Bösen. Es segne dich Gott (→ Gott), der Vater und der Sohn (→ Jesus) und der Heilige Geist (→ Heiliger Geist).«

Es geht dabei übrigens um den heiligen Blasius von Sebaste aus Kleinasien. Dieser Bischof starb im Jahr 316 als Märtyrer und zählt zu den »Vierzehn Nothelfern«. Die Legende weiß zu berichten, dass er in römischer Gefangenschaft einem jungen Mann das Leben rettete, der an einer Fischgräte zu ersticken drohte.

Bei mir hat dieser Segen eigentlich immer geholfen. Vielleicht weniger dadurch, dass der Heilige als Ersatz für den HNO-Arzt aufgetreten wäre. Nein. Aber der Segen erinnert doch daran, schonend mit dem eigenen Hals umzugehen, mehr Wasser zu trinken, die Stimme nicht überzustrapazieren und einen Schal zu tragen ... Vielleicht ist es ja gerade die Skepsis, ob uns ein Heiliger durch zwei gekreuzte Kerzen tatsächlich helfen kann, die unsere Heilungskräfte und die Sorge um die eigene Gesundheit weckt. Wenn dazu das Gedenken an einen seit 1700 Jahren toten Bischof aus Kleinasien seinen Beitrag leistet, warum nicht? Ist doch praktisch und hat so gar nichts mit blindem Vertrauen auf übernatürliche Heilungswunder zu tun.

*Marcus C. Leitschuh*

# Charisma

Wenn eine Person des öffentlichen Lebens andere für sich begeistern kann, dann bescheinigen Journalisten ihr gerne eine »charismatische Persönlichkeit«. Im christlichen Sprachgebrauch hat das Wort »Charisma« allerdings eine völlig andere Bedeutung. Es kommt aus dem Griechischen und heißt »Gnadengabe« oder – weniger hochtrabend – »Geschenk«. Gemeint ist damit eine besondere Begabung, die durch die Inspiration des Heiligen Geistes (→ Heiliger Geist) hervorgerufen wird, z. B. die Gabe der Krankenheilung, der Prophetie, der Zungenrede, der Weisheit oder des Glaubens (→ Glauben). Die höchste und wichtigste dieser Gaben ist laut Paulus allerdings die Liebe, ohne die auch beeindruckende Charismen völlig wertlos sind und im Extremfall sogar zu Gemeindespaltungen führen.

Nach einer geistlichen Dürreperiode, in der das Christentum unter dem Druck der Aufklärung nur noch den Kopf, aber kaum das Herz ansprechen konnte, kamen im 18. Jahrhundert in Europa und Nordamerika Bewegungen auf, die das Emotionale, den Heiligen Geist und die Charismen stärker betonten: die sogenannten Erweckungsbewegungen und Inspirationsgemeinden. Vor gut hundert Jahren entstanden dann die freien Pfingstgemeinden, immer noch als weitgehend abendländisches Phänomen.

Seit den 60er-Jahren tritt die charismatische Bewegung als überkonfessionelle Welle aber einen Siegeszug über die ganze Welt an. In protestantischen Kreisen (→ Reformation) nennt man sie häufig »Geistliche Gemeinde-Erneuerung«, in katholischen (→ katholisch) eher »charismatische Erneuerung«. Schätzungen zufolge rechnen sich mittlerweile über 600 Millionen Christen (→ Christen/Christinnen) weltweit zur charismatischen Bewegung, das ist rund ein Drittel der gesamten Christenheit – mit wachsender Tendenz. So gehören der 1958 in einem Zelt begonnenen koreanischen »Yoido Full Gospel Church« mittlerweile über 800 000 Mitglieder an, mit immer noch wachsender Tendenz. Sie ist damit die größte Gemeinde der Welt, mit über 600 Pastoren und Pastorinnen und 100 000 Ehrenamtlichen.

Solche Zahlen lösen hierzulande allerdings oft eher Erschrecken als Bewunderung aus. Im Rahmen einer Gemeindeberatung empfahl der Redner eine Reihe von Maßnahmen, um die Gottesdienste (→ Gottesdienst) attraktiver zu gestalten. Darauf die spontan entsetzte Reaktion einer Kirchenvorsteherin: »Wenn wir das alles umsetzen, dann kommen ja lauter Fremde in die Kirche!« (→ Kirche)

*Martin Schultheiß*

# Christen/Christinnen

Christen und Christinnen sind die Menschen, die an Jesus Christus (→ Jesus) glauben. Oder sind es die, die Mitglied einer christlichen Kirche (→ Kirche) sind? Leider gibt es schon seit den frühen Anfängen der christlichen Bewegung das fatale Bedürfnis mancher Frommer, sich mit bestimmten Definitionen abzugrenzen und Andersdenkenden das Christsein abzusprechen.

Und so sind nicht wenige stolz darauf, bessere, wahrere, echtere, überzeugtere, gläubigere, entschiedenere, wiedergeborenere oder praktizierendere Christen zu sein, und vergessen dabei, dass Jesus selbst gelehrt hat, nicht über andere Menschen zu urteilen und sich nicht für besser als andere zu halten.

Deshalb empfiehlt sich die pragmatische Methode, als Christen und Christinnen einfach diejenigen zu bezeichnen, die sich selbst so nennen, ohne Wertung. Weltweit summiert sich das auf etwa zwei Milliarden Menschen. Der Philosoph Friedrich Nietzsche sah es skeptischer: »Im Grunde gab es nur einen Christen und der starb am Kreuz.« Allerdings irrt hier der Philosoph, denn Jesus war und blieb Jude, wie übrigens auch die ersten Christen. Das sollten die heutigen Christen nie vergessen.

*Martin Schultheiß*

## Christi Himmelfahrt

»Christi Himmelfahrt« ist der Tag, an dem Christinnen und Christen (→ Christen/Christinnen) daran denken, wie Jesus (→ Jesus) einige Wochen nach seiner Auferstehung (→ Auferstehung) mitten unter seinen Jüngern stand – und plötzlich gen Himmel fuhr, sprich: in den Wolken verschwand. Dieser spektakuläre Aufstieg ist eine der geheimnisvollsten Geschichten im Neuen Testament (→ Bibel). Und es stellt sich schon die Frage: Warum sollte ich mich im 21. Jahrhundert dafür interessieren, dass jemand – in Nebel gehüllt – in den Himmel verschwindet?

Ganz einfach: Weil diese Geschichte für die Erfüllung des wahrscheinlich ältesten Menschheitstraumes überhaupt steht. Es gibt keine Religion der Welt, die nicht einen Mythos oder ein Bild dafür hätte, dass irgendwo ein Ort existiert, an dem man Gott (→ Gott) ganz nah ist und seinen Frieden findet. Und der größte Wunsch eines Gläubigen (→ Glauben) besteht darin, dorthin zu kommen.

Im Christentum heißt dieser Ort Himmel – und Tausende von Legenden, Märchen, Romanen und Theaterstücken versuchen sich auszumalen, wie es wohl sein wird, wenn ein Mensch den Himmel erreicht. Ich wette, Sie kennen auch mindestens einen Witz, der so anfängt: »Petrus saß an der Himmelspforte, da kamen ...« Wir möchten wissen, wie es im Himmel ist. Die Himmelfahrt Jesu macht deutlich: Er wusste, wie man in den Himmel kommt. Und man kann es von ihm lernen.

Richtig »Himmelfahrt« feiern heißt darum: Mir Gedanken machen, wie ich mir eigentlich den Himmel, also meinen vollkommenen Ort des Friedens, mein Lebensziel, vorstelle, mich von Jesus inspirieren lassen und nachsehen, ob in mir noch etwas von diesem alten Menschheitstraum atmet, Gott ganz nah zu sein.

Allerdings: Neuheidnische Traditionen haben aus dem Himmelfahrtstag so eine Art Vatertag gemacht – was oftmals nichts anderes heißt, als dass junge und sich für jung haltende Männer mit einem Bollerwagen ins Grüne fahren, um sich dort hemmungslos die Kante zu geben. Nach zwei Bier hält man das alles für den Himmel, nach fünf Bier für die Hölle.

*Fabian Vogt*

## Christus

Angeblich war der Fisch (→ Fisch) das Erkennungszeichen der frühen Christen. Wenn zwei Personen in den ersten Jahrhunderten aufeinandertrafen, malte einer wie zufällig einen Fisch in den Sand vor sich. Und der andere konnte sich daraufhin ebenfalls als Glaubender outen – oder er verstand gar nicht, was sein Gegenüber da Fischiges tat. Zudem konnte man für das Malen eines Fisches nicht verhaftet werden, für ein Bekenntnis zu Jesus (→ Jesus) schon.

Das Geheimnis des »christlichen« Fisches besteht darin, dass die Buchstaben des griechischen Wortes für Fisch, »ICHTHYS«, als Abkürzung verstanden wurden für: »Iesus CHristus, THeos Uiuos Sotär«. Zu deutsch: »Jesus Christus, Gottes Sohn, Retter«. Dabei ist »Jesus« der Vorname, »Christus« ein Hoheitstitel. Er bedeutet »der Gesalbte«, womit gemeint war: »der Heilige«, »der von Gott Erwählte«. Es ist also nicht so, dass Jesus mit Nachnamen »Christus« hieß. So wie Müller oder Schmidt. Oder Bohlen. Er wird durch den Christustitel geehrt. Jesus, der mit Gott (→ Gott) im Bund ist.

Die Frage, wie das Göttliche in Jesus genau zu verstehen ist, hat übrigens die ersten Jahrhunderte die Kirche ordentlich durcheinandergerüttelt und so manche Kirchenspaltung mitbegründet. Weil es bis heute schwierig ist, zu verstehen, dass Jesus einerseits ein ganz normaler Mensch war, dass er aber andererseits als Sohn Gottes existenziell mit Gott zu tun hatte. Denn darum ging es ja bei der ganzen Geschichte: Gott liebt die Menschen so sehr, dass er sich entschied, selbst zu einem Menschen zu werden, um seinen Geschöpfen nahe sein zu können.

Nach langem Hin und Her einigte man sich in der Kirche (→ Kirche) auf die Formulierung: »Jesus ist wahrer Mensch und wahrer Gott.« Was ziemlich unlogisch ist. Aber im Glauben kommt es zum Glück nicht immer auf irdisch-logische Aussagen an, sondern auf Lebensrelevanz. Trotzdem ging der Streit weiter. Denn man war unterschiedlicher Auffassung, wie man sich das Miteinander von Jesus (dem Menschen) und Christus (dem »Göttlichen«) vorstellen müsse. Am Ende einigte man sich auf die Formel: »Gott und Mensch sind in Jesus unvermischt, ungeschieden, unverwandelt und ungetrennt.« Das müssen Sie nicht verstehen. Aber vielleicht ahnen Sie, wie kompliziert das alles war.

Dass sich in Jesus, dem Christus, Gott und Mensch verbinden, ist übrigens ein absolutes Alleinstellungsmerkmal des Christentums. Während in allen anderen Religionen die Gläubigen aufgefordert sind, sich auf den Weg zu Gott zu machen, kommt der Gott der Christen selbst. Aus Liebe.

*Fabian Vogt*

# CIC (Katholisches Kirchenrecht)

Eines kann man der katholischen Kirche (→ Kirche) nicht vorwerfen: dass nicht alles gut geregelt ist. Viele Glaubensfragen finden sich im Katechismus (sogar Hinweise zu Raserei im Straßenverkehr), und was der Katholik oder die Katholikin sonst dürfen oder nicht, steht im Kirchenrecht. Wie fast jede Rechtsgemeinschaft hat auch die katholische Kirche eine eigene Gesetzessammlung angelegt. Für uns im Abendland, das als lateinischer bzw. westlicher Rechtskreis bezeichnet wird, trägt diese Gesetzessammlung den Titel »Codex Iuris Canonici« (= CIC). Für den orientalischen bzw. östlichen Rechtskreis gibt es eine eigene Gesetzessammlung, die 1990 als »Codex Canonum Ecclesiarum Orientalium« (= CCEO) veröffentlicht worden ist.

Die einzelnen Rechtsbestimmungen werden als »canon« (c.) bzw. »canones« (cc.) bezeichnet. Die letzte Fassung des CIC stammt aus dem Jahr 1983. Initiator war Papst Johannes XXIII. Dieser Papst (→ Papst) hatte nämlich die Notwendigkeit einer Reform der kirchlichen Lebens- und damit auch Rechtsordnung erkannt. Deshalb berief er nicht nur das Zweite Vatikanische Konzil (→ Zweites Vatikanisches Konzil) ein, sondern kündigte auch an, dass das bestehende Kirchenrecht an die Ergebnisse dieses Konzils angepasst werde. Er sprach sogar davon, dass diese Anpassung des Kirchenrechts an die Zeichen der Zeit, das zum Schlagwort gewordene »aggiornamento«, die Krönung des Zweiten Vatikanischen Konzils sein sollte.

Im Unterschied zu einem weltlichen Gesetzbuch ist

beim Gesetzbuch der katholischen Kirche zu beachten, dass Kirchenrecht nicht einfach nur (weltliches) Recht ist. Es ist vielmehr ein Recht eigener Art, dessen Inhalt sich nicht aus dem Willen einer Mehrheit herleitet, sondern aus der Offenbarung Gottes, und dessen Ziel demzufolge nicht nur das innerweltliche, sondern auch das geistliche Wohl der Menschen ist. Diese Eigenart bringt es mit sich, dass das Letztkriterium seiner Wahrheit in der Offenbarung der Liebe Gottes (→ Gott) in Jesus (→ Jesus) Christus liegt.

Da sich die Existenz der Kirche allein der gnädigen Zuwendung Gottes verdankt, muss ihr Recht als Recht der Liebe, der Gnade (→ Gnade) und des Erbarmens gesehen und gestaltet werden. Dementsprechend muss sich in der Kirche alles Recht von der Liebe leiten lassen, und zwar sowohl bei der Ausgestaltung wie auch bei der Anwendung der rechtlichen Bestimmungen. Das führt dazu, dass im Konfliktfall nicht der Buchstabe des Gesetzes, sondern die dahinter stehende theologische Wahrheit der göttlichen Liebe verpflichtend ist.

*Sabine Demel*

# Demut

Demut ist zweifellos eine wichtige und hoch geschätzte christliche Tugend, wird aber leider allzu oft mit mangelndem Selbstbewusstsein verwechselt. Deshalb hielten die in der Sklavenhaltung geübten Griechen und Römer auch nicht viel von ihr; die Vorstellung, sich selbst zu unterwerfen, war ihnen zuwider.

Im jüdisch-christlichen Rahmen bedeutet Demut vor allem die Anerkennung der Autorität Gottes (→ Gott), was immer auch damit verbunden ist, das eigene Ich unterordnen zu können. Viele Denker haben das in wunderschönen Aphorismen zum Ausdruck gebracht, so etwa Theodor Fontane: »Wer demütig ist, der ist duldsam, weil er weiß, wie sehr er selbst der Duldsamkeit bedarf; wer demütig ist, der sieht die Scheidewände fallen und erblickt den Menschen im Menschen.« Und beileibe nicht nur im christlichen Abendland lobt man die Demut: »Ich habe drei Schätze, die ich hüte und hege. Der eine ist die Liebe, der zweite ist die Genügsamkeit, der dritte ist die Demut« (Laotse).

Der Volksmund weiß allerdings auch um die Gefahren: »Zuviel Demut stinkt nach Hochmut.« Oft wird die Unterwerfung nur vorgetäuscht, um bestimmte Ziele zu erreichen. Und noch verlogener ist es, andere zu demütigen, um sie zur Demut zu bringen. Echte Demut dagegen ist etwas für aufrechte Charaktere, die ihr Ego zurückstellen können, nichts für Bücklinge. Oder wie Martin Luther (→ Luther) es in seiner Schrift »Von der Freiheit eines Christenmenschen« markant formulierte: »Ein Christenmensch ist ein freier Herr über alle Dinge und niemand untertan. Ein Christenmensch ist ein dienstbarer Knecht aller Dinge und jedermann untertan.«

*Martin Schultheiß*

# Devotionalien

Manchmal ist man schon peinlich berührt, was man so alles in frommen Geschäften kaufen kann. Ob rund um den Petersplatz (→ Rom) oder in Wallfahrtsorten, aber auch in kleinen historischen Dorfkirchen: Auf dem Markt der religiösen Mitbringsel fehlt nichts, was Herz und Seele erfreut. Dabei ist festzuhalten, dass die 3D-Wackelpostkarte mit dem Gesicht des Papstes (→ Papst) nicht von ihm selbst in Auftrag gegeben wurde, sondern von findigen Souvenirhändlern. Verkauft wird, was gekauft wird, und längst nicht alle Touristen suchen im Vatikan (→ Vatikan) religiöse Andacht. Für manche sind Wallfahrtsorte touristische Programmpunkte wie Neuschwanstein.

Eine Devotionalie hat mit Tourismus wenig zu tun. Es ist ein Gegenstand, der zur religiösen Andacht (lat. devotio = »Hingabe, Ehrfurcht«) führen soll. Kreuze, Rosenkränze, Ikonen, Heiligenbilder und Medaillen mit religiösen Motiven sollen als Erinnerung an den Ort oder Anlass des Kaufes näher zu Gott (→ Gott) führen. Es sind Hilfsmittel, insbesondere für Menschen, die gerne in der Beschäftigung mit den Gotteserfahrungen eines Heiligen (→ Heilige) zu diesem Gott finden.

Devotionalien sind keine Zauberdinge, auch dann nicht, wenn sie gesegnet wurden. Ob mit oder ohne Marienmedaille um den Hals: Gott ist dem Menschen immer gleich nah. Das vom Träger besonders wertgeschätzte Metall kann aber im Alltag an diese Nähe erinnern. So wie ein Ehering keine Liebesgarantie ist, aber uns immer wieder an sie erinnert. Lieben müssen wir dann schon selbst.

Protestanten (→ Reformation) stehen Devotionalien traditionell ablehnend gegenüber. War es doch Martin Luther (→ Luther), der gegen den Reliquienhandel wetterte. 500 Jahre später findet man Geschmackvolles und -loses aber auch über den Reformator in Wittenberg. Das Ichthyssymbol, also der stilisierte Fisch als Geheimzeichen der verfolgten ersten Christen, wirkt auf Autos, Tassen und T-Shirts manchmal auch reichlich profan. Aber solange sie auf Gott hinweisen, mag alles helfen, was diesem Ziel dient.

*Marcus C. Leitschuh*

## Diözese

Seit dem Zweiten Vatikanischen Konzil versteht sich die katholische Kirche (→ Kirche) als eine Gemeinschaft von vielen Kirchen, die auch als »Teilkirchen«, »Ortskirchen«, »Bistümer« oder »Diözesen« bezeichnet werden. Sie werden stets von Bischöfen (→ Bischof) als den Nachfolgern der Apostel und damit Garanten der apostolischen Sukzession geleitet.

Vier Elemente charakterisieren eine Diözese: Erstens ist sie ein bestimmter Teil des Volkes Gottes (→ Gott), der zweitens von einem Bischof, drittens in Zusammenarbeit mit einer Gemeinschaft von Priestern (= Presbyterium) geleitet wird, und zwar viertens dadurch, dass sie das Volk Gottes durch das Evangelium (→ Evangelium) und die Eucharistie (→ Abendmahl) im Heiligen Geist (→ Heiliger Geist) zusammenführen.

Letztverantwortlicher Leiter der Diözese ist der Bischof; er vereinigt in seiner Person die Vollmacht der Gesetzgebung ebenso wie die der Verwaltung und Rechtsprechung. Ganz praktisch bedeutet die geschichtlich entstandene geografische Aufteilung der katholischen Diözesen, dass sie nicht mit den evangelischen Landeskirchen übereinstimmen, die stärker an politischen Landesgrenzen orientiert sind.

*Sabine Demel*

# Dom

Wenn ein Kind fragt, wo Gott (→ Gott) eigentlich zu Hause ist, dann könnte es darauf die Antwort bekommen: »Gott wohnt im Dom, dort ist er zu Hause.« Und das ist ja auch nicht so ganz abwegig. Schließlich ist ein Dom, ob er nun in Frankfurt, Köln oder Aachen steht, Ausdruck von Erhabenheit und herrlicher Schönheit. Ausdruck für eine Größe, die auch Gott zukommt. Als Wohnung wäre ein Dom diesem erhabenen Gott von herrlicher Schönheit also durchaus angemessen.

Auch die Wortherkunft scheint das zu stützen: Meist leitet man den »Dom« ab vom »domus Dei« (lat. = »Haus Gottes«) oder wenigstens »domus ecclesiae« (lat. = »Haus der Kirche«). Und nicht wenige fühlen sich ja in so einem Dom auch richtig zu Hause. Wegen der Architektur, wegen der Menschen, wegen der liturgischen Feiern. Wahrscheinlich ist diese Worterklärung aber streng genommen falsch. Denn ursprünglich geht die Bezeichnung wohl auf die römischen Tempel zurück, die von den Christen (→ Christen/Christinnen) im 4. Jahrhundert übernommen wurden. Auf ihren Wänden stand als Weihinschrift: J(ove) O(ptimo) M(aximo), zu deutsch: »dem Jupiter [geweiht], dem Besten, dem Größten«. Als im Zuge der Konstantinischen Wende im Jahr 312 viele Tempel zu christlichen Kirchen (→ Kirche) umgewandelt wurden, konnte man diese Inschriften nicht akzeptieren und änderte ihren ersten Buchstaben leicht ab, sodass sich DOM ergab: »Gott [geweiht], dem Besten, dem Größten«.

»Hauptsache, wo Gott draufsteht, ist auch Gott drin«, mag man denken – aber so einfach ist es natürlich nicht. Denn Gott lässt sich nicht einhausen (wie man sehr schön an der Geschichte vom Berg der Verklärung in Markus 9, 5–6 nachlesen kann). Auch nicht, wenn Architektur, Menschen oder Liturgien noch so feierlich und erhaben sind. Zu Hause ist Gott vielleicht eher, »wo zwei oder drei versammelt sind« in Jesu (→ Jesus) Namen (Matthäus 18,

20). Das muss dann nicht gerade in einem Dom sein. Könnte es aber. Zu wünschen wäre es ihm.
*Ingo Schütz*

# Dreikönig

»Epiphanie« oder »Erscheinung des Herrn« ist der ursprüngliche Name des 6. Januar. Im Volksmund ist der Tag auch als Dreikönigsfest bekannt und den sogenannten »drei Weisen aus dem Morgenland« zugeordnet. In den Ostkirchen wird dieses Datum als Tag der Taufe (→ Taufe) Christi (→ Jesus) und der Offenbarung der Allerheiligsten Dreifaltigkeit begangen.

Die Armenische Apostolische Kirche (→ Kirche) hat den 6. Januar als Weihnachtsfest beibehalten. Da für die armenischen Christen im Heiligen Land der julianische Kalender Gültigkeit besitzt, wird Weihnachten (→ Weihnachten) dort nach dem gregorianischen Kalender am 19. Januar begangen. Auf die Differenz zwischen den beiden Kalendern bezieht sich die Redewendung »zwischen den Jahren«.

Als Sternsinger bezeichnet man drei als »Heilige Drei Könige« gekleidete Kinder, die für wohltätige Zwecke sammeln. Der Brauch geht auf das 16. Jahrhundert zurück und bezieht sich auf die Erwähnung der Sterndeuter, die Jesus an der Krippe aufsuchen und beschenken. Heute sammeln die Sternsinger meist für weltweite Entwicklungshilfeprojekte. Es ist inzwischen die weltweit größte Hilfsaktion von Kindern für Kinder. Die Sternsinger schreiben »∗C+M+B∗Jahreszahl« an die Tür. Die Bedeutung der Buchstaben wird als Abkürzung entweder des lateinischen »Christus mansionem benedicat« (= »Christus segne dieses Haus«) oder der Namen der drei heiligen Könige »Caspar, Melchior, Balthasar« gedeutet.

In Deutschland wurde das Kindermissionswerk »Die Sternsinger« im Jahr 1946 gegründet. Allein in den ersten 40 Jahren seines Bestehens wurden durch die Aktion über 25 000 Projekte unterstützt und rund eine Viertelmilliarde Euro gesammelt.

*Marcus C. Leitschuh*

# Ehelosigkeit

Ehelosigkeit ist zwar ein objektiver Zustand, aber keine Existenzweise. Es ist eher ein Gefühl, das dem ähnelt, welches Astronauten im All empfinden: Ihr Gewicht ändert sich nicht, aber ihre Wahrnehmung desselben. Alles fällt leichter ohne Bindung. Ehelosigkeit ähnelt darin der unbeschwerten Lebensweise von Kindern.

Ehelose sind meist Menschen, die nicht erwachsen werden, die sich auf die Strukturen dieser Welt nicht einlassen, die keine Verantwortung übernehmen wollen. Freiheits-Liebende. Oder Gott-Liebhaber (→ Gott). Was irgendwie auf dasselbe hinausläuft: Was früher Mönch genannt wurde, bezeichnet man heutzutage als Single. Quasi ausgekoppelt. Aus der Langspielplatte des Lebens. Keine Verhütung, die ist ja katholischerseits auch verpönt, nein, grundsätzliche Vermeidung. Allerdings nicht von Sozialkontakten jeder Art, sondern nur von deren Legitimation.

Beschlossen wird: Ich sollte mich besser nicht fortpflanzen. Zumindest nicht innerhalb einer Ehe. Jedenfalls nicht in meiner eigenen ... Ehelose sind daher nicht automatisch kinder-, aber in jedem Fall gesetzlos. Ist es biologisch in manchen Populationen und Kulturen durchaus üblich, dass die stärksten Männchen zur Verbesserung des gene-

tischen Potenzials verschiedenen Weibchen zur Verfügung stehen, ist die Grundlage für Ehelosigkeit im christlichen Raum eher die Alternativlosigkeit. Sie ist häufig eine durch Mangel an Gelegenheit erzwungene. Allerdings ist sie durchaus in Mode gekommen: War man über Jahrhunderte noch aus Gründen des Überlebens aufeinander angewiesen, muss heute eine Ehe, geschweige denn Familie, als finanziell schadhaft gelten. Insofern hat der, die und auch das Zölibat in der modernen Gesellschaft ein unverhofftes Comeback erfahren. Die evangelische Kirche (→ Kirche) hat diesen Trend allerdings eindeutig verschlafen.
*Lutz von Rosenberg Lipinsky*

## Ehenichtigkeitsverfahren

Ist eine Ehe gescheitert und steht die Heirat eines neuen Partners an, so besteht für Katholikinnen und Katholiken (→ katholisch) folgende Problematik: Nach dem zivilen Recht ist ihre Ehe nach Ablauf bestimmter Fristen scheidbar und eine anschließende zweite Heirat möglich. Nach kirchlichem Recht (→ CIC) gilt dagegen, dass jede Ehe, die die folgenden drei Kriterien erfüllt: »kirchlich gültig, sakramental und geschlechtlich vollzogen«, durch keine menschliche Macht aufgelöst bzw. geschieden werden kann. Weil in diesem Fall keine kirchenrechtliche Scheidung möglich ist, streben Katholikinnen und Katholiken oft unmittelbar nach der zivilrechtlichen Scheidung oder parallel dazu eine kirchliche Ehenichtigkeitserklärung an, die eine erneute kirchliche Eheschließung ermöglicht.

Wegen der zeitlichen Nähe zur weltlichen Scheidung wird die kirchliche Ehenichtigkeitserklärung nicht selten als »Ehescheidung auf katholisch« bzw. als »kirchliche Ehescheidung« missverstanden. Ehenichtigkeit und Ehescheidung sind aber zwei grundlegend verschiedene Vorgänge. Denn bei einer Scheidung wird eine gültige Ehe aufgelöst, bei einer Ehenichtigkeit dagegen amtlich festgestellt, dass eine ungültige Ehe bestand.

Aus drei sehr verschiedenen Gründen kann eine Ehe kirchlich ungültig sein. Es kann zum Zeitpunkt der Eheschließung ein Ehehindernis (z. B. bestehendes Eheband, Religionsverschiedenheit, Weihe), ein Eheschließungsformfehler (z. B. fehlende Trauungsberechtigung des kirchlichen Amtsträgers) und/oder – was am häufigsten vorkommt – ein Ehewillensmangel (z. B. Ausschluss der Einheit oder Unauflöslichkeit der Ehe oder von Nachkommenschaft, Eheschließung aufgrund einer arglistigen Täuschung, psychische Eheunfähigkeit) vorliegen.

Eine kirchliche Ehenichtigkeitserklärung ist das Ergebnis eines kirchlichen Ehenichtigkeitsverfahrens, für das die kirchlichen Gerichte (»Offizialate«) zuständig sind. Jedes Bistum hat ein Offizialat, dessen Adresse in jedem Pfarrbüro erhältlich ist. Ein solches Verfahren findet weder öffentlich noch in einem Gerichtssaal statt, sondern erfolgt hauptsächlich auf dem schriftlichen Weg. Lediglich die Vernehmung der beiden Ehepartner und Zeugen erfolgt nicht auf dem Schriftweg, sondern durch persönliche Anwesenheit im Offizialat.

Prozesskosten spielen dabei keine nennenswerte Rolle,

zumal diese im Notfall auch erlassen werden können; sie betragen ca. 200 Euro in erster und 100 Euro in zweiter Instanz, zuzüglich der Kosten für Gutachten und Zeugen.
*Sabine Demel*

## Engel

Der Engel (griech. »ángelos« = »Bote«) taucht in vielen Religionen als ein Wesen auf, das Gott (→ Gott) oder den Göttern zur Seite steht, aber von ihnen unterschieden wird. Besonders in den monotheistischen Religionen tauchen Engel als Mittler- oder Schutzwesen zwischen Gott und Mensch auf. Sie können durchaus auch menschliche Gestalt annehmen, besitzen aber oft einen Licht- oder Feuerleib. Der Widersacher Gottes (Luzifer, Satan) wird auch als gefallener Engel bezeichnet und ihm wird dämonische, widergöttliche Macht zugeschrieben.

In der Bibel (→ Bibel) treten Engel besonders häufig als Boten Gottes auf (z. B. in 1. Mose 19, 1; Matthäus 18, 10; Lukas 1, 26). In der bildenden Kunst wurde der Engel schon in frühchristlicher Zeit dargestellt, zunächst flügellos und durchaus männlich. Seit dem 5. Jahrhundert sind Engel dann überwiegend jugendlich dargestellt worden und seit der Renaissance erscheinen sie sehr sinnenhaft. Am häufigsten dargestellt wurde wohl Gabriel als der Engel der Verkündigung. In der deutschen Kunst findet sich vor allem Michael.

Aber auch heute noch begegnen wir Engeln im Alltag als Symbolen der Orientierung und Problembewältigung.

Zum Beispiel im blauen Umweltengel. Oder wenn die eigene Frau liebevoll aufgefordert wird: »Engelchen, bringst du mir noch ein Bier aus dem Keller mit, wenn du mit dem Bügeln fertig bist?« Und natürlich gibt es die gelben Engel, auf die man nach seiner Autopanne auf der A 5 zunächst 2 Stunden wartet, um dann hören zu dürfen: »Oh, des sieht bös aus. Da kann isch nix mehr machen, den müssen Sie abschleppe lasse!«

Da lob ich mir doch die biblischen Engel, die einem damals als Feuersäule den Weg zeigten. Auf diese Engel konnte man sich noch verlassen!

*Volker Schmidt-Bäumler*

# Erbsünde

Wie ärgerlich: Nur weil Eva nach der verbotenen Frucht (→ Apfel) gegriffen hat, nahm alles Unheil seinen Lauf! Nur weil Adam genascht und damit gesündigt hat, sind die Menschen auf immer aus dem Paradies vertrieben (1. Mose 2, 8–3 und 4)! Schlimmer noch: Die Sünde (→ Sünde) der beiden wird allen nachgeborenen Menschen von vornherein angerechnet – wir alle sind belastet durch die geerbte Sünde, die von den beiden Paradiesvögeln auf uns kommt. Und Schuld daran ist …

… Paulus! Ja. Schließlich war er es, der die Lehre von der Erbsünde im Neuen Testament angelegt hat. Nach seinen Überlegungen braucht jeder Mensch das Heil, das in Christus (→ Christus) gekommen ist. Deshalb muss jeder auch irgendwie sündig sein, selbst wenn er noch nichts falsch gemacht hat, wie neugeborene Kinder zum Beispiel. Denn auch die bedürfen ja der Erlösung (→ Erlösung) – oder ist Christus nur für die Erwachsenen da? Und die Sünde, die man hat, selbst wenn man nicht gesündigt hat, ist die Erbsünde (vgl. Römer 5, 12). Wenn man es genau nimmt, ist die Lehre von der Erbsünde also eine Folge der Lehre vom Heil, das allein in Christus gefunden werden kann. Konsequenterweise gibt es im Judentum und im Islam auch keine Vorstellung von so etwas wie Erbsünde und die Verfehlung Adams und Evas geht dort nur die beiden selbst etwas an.

Die erste ausführliche Abhandlung über die Erbsünde finden wir bei Augustinus, der noch dachte, dass die Erbsünde quasi biologisch beim Zeugungsakt weitergegeben wird. Somit kommt keiner daran vorbei. Ist aber auch nicht so schlimm, denn: Auf dem Konzil von Trient wurde festgelegt, dass die Erbsünde durch die Taufe (→ Taufe) vollkommen getilgt wird! Kein Grund zur Sorge also, außer für Ungetaufte – aber auch dafür wurden Lösungen erarbeitet (→ Vorhölle).

Im 21. Jahrhundert ist die Vorstellung einer biologischen Weitergabe der Sünde schwer zu vermitteln. Darum interpretiert man den Begriff der Erbsünde heute auch eher als den Zustand der Verstrickung in allerlei schuldhafte Zusammenhänge, in die ein Mensch hineingeboren wird, ohne etwas dafür zu können. Die Erbsünde ist demnach »ein Zustand, keine Tat« (Katechismus der Katholischen Kirche, Art. 404) und beschreibt, dass es keinen »Punkt null« gibt, von dem aus wir neu und gänzlich ohne

Sünde anfangen könnten. Und das gilt eben selbst für Säuglinge, die immer schon drinstecken in den Verstrickungen des Menschseins.

Wer nun ahnt, dass er nie aus eigener Kraft Herr über diese Verstrickungen werden wird, der lernt auch den Begriff der Erbsünde wieder schätzen – wohl wissend, dass die Erlösung, die uns durch Christus zugesagt ist, stärker bleibt!

*Ingo Schütz*

## Erlösung

»Wer immer strebend sich bemüht, den können wir erlösen.« So bringt Goethe auf den Punkt, was viele Menschen glauben: »Versuche ein guter Mensch zu sein und lebe anständig, dann winkt dir ein Fensterplatz im Himmel.« Allerdings werden Christinnen und Christen (→ Christen/Christinnen) nicht durch ethische Anstrengungen, sondern durch den Glauben an Jesus Christus (→ Christus) erlöst – so jedenfalls schrieb es der Apostel Paulus leidenschaftlich in seine Briefe hinein. Leider bleibt das oft ein wenig abstrakt, vor allem dort, wo die Erlösung als ein rein jenseitiger Akt verstanden wird, der erst nach der Beerdigung zum Tragen kommt: »Die Christen müssten erlöster aussehen, wenn ich an ihren Erlöser glauben soll« (Friedrich Nietzsche).

Die Freude über die Erlösung scheint jedenfalls bei vielen Christen nicht nur tief aus dem Innersten zu kommen, sondern dort auch zu bleiben, sonst würde in den Gottesdiensten (→ Gottesdienst) wohl mehr gelacht – was außerhalb Europas übrigens nicht ungewöhnlich ist. Hierzulande macht man sich eher Sorgen, wenn jemand mal wirklich erlöst dreinschaut, und hält ihn für einen Sektierer. Tatsächlich sind aber viele Fälle bezeugt, wo unter dem Einfluss des Glaubens eine Loslösung von ausgesprochen diesseitigen Problemen geschieht: Heilung von körperlichen oder seelischen Krankheiten, Findung von neuen Lebensperspektiven, Befreiung von Abhängigkeiten, Überwindung von Krisen. Die Bibel (→ Bibel) kennt dafür das schöne Wort »Heil«. Erlösung meint also Befreiung und Heilung – und das nach Möglichkeit schon jetzt und hier.

*Martin Schultheiß*

## Eucharistie → Abendmahl

## Evangelisch

»Evangelisch« heißt vor allem: nicht katholisch (→ katholisch). Das befand jedenfalls Martin Luther, der Begründer des evangelischen Glaubens (→ Glauben). Er und seine Mitstreiter waren der Meinung, die katholische Kirche hätte sich in ihren Traditionen und Riten zu weit von der Bibel, also dem Evangelium (→ Evangelium), entfernt. Fest machte der Reformator seinen Ärger anfangs vor allem am Ablasshandel, bei dem Gläubige sich (angeblich) für Geld Erleichterung bei den höllischen Strafen verschaffen konnten (→ Reformation).

Inzwischen gibt es nicht nur eine, sondern weltweit zahllose evangelische Gemeinschaften und Kirchen (→ Kirche), die vor allem eines verbindet: dass sie den Papst in Rom nicht als geistliches Oberhaupt anerkennen. Ja, sie legen besonderen Wert darauf, dass jeder Mensch ohne Kircheninstanz direkt und unvermittelt mit Gott (→ Gott) in Kontakt kommen kann, und berufen sich dabei auf die biblischen Texte, die sie durch den katholischen Kirchenapparat verstellt sehen. Anders als die Katholiken betonen evangelische Christen deshalb die »Freiheit eines Christenmenschen«.

Allerdings: Selbstkritische Evangelische wissen natürlich, dass jede Institution dazu neigt, sich in Strukturen festzufressen. Die Zeit seit 1517 hat dicke gereicht, um auch in der evangelischen Kirche viele Traditionen, Verkrustungen und Engführungen zu entwickeln. Deshalb gilt für beide Konfessionen weiterhin der berühmte Satz: »Ecclesia semper reformanda!« (Die Kirche muss immer wieder reformiert werden.)

*Fabian Vogt*

# Evangelium

Evangelium heißt wörtlich übersetzt »Gute Nachricht«. Gemeint ist die Botschaft von Jesus (→ Jesus) Christus (→ Christus), die sich in den ersten Jahrhunderten unserer Zeitrechnung wie ein Lauffeuer rund um das ganze Mittelmeer verbreitete – und später über die ganze Welt. Leider wurde im späteren Verlauf der Kirchengeschichte aus der

Frohbotschaft oft eine Drohbotschaft: »Willst du nicht mein Bruder sein, so schlag ich dir den Schädel ein!«

Und so zucken immer noch manche zusammen, wenn sie das Wort »Evangelisation« hören, und erinnern sich an gruselige Höllenfeuerpredigten in Dorfzelten, unterlegt mit schmalziger Jesusminne von verklemmten, schlecht gekleideten Barden. Wer sich nicht wehrt, wird bekehrt!

Im Neuen Testament (→ Bibel) erzählen die ersten vier Bücher die Lebensgeschichte Jesu, deshalb nennt man sie konsequenterweise ebenfalls »Evangelien«. Und wenn sonntags im Gottesdienst (→ Gottesdienst) ein Textabschnitt aus diesen Evangelien verlesen wird, so wird er als »das Evangelium des heutigen Sonntags« angekündigt. Um die Verwirrung für den Laien noch weiter zu steigern, benutzen Christen darüber hinaus noch die folgenden wortverwandten Begriffe: »evangelisch« (das bedeutet in der Regel dasselbe wie »protestantisch« → evangelisch), »evangelikal« (das ist so eine Art Steigerung und bezeichnet viele freikirchliche Strömungen, vor allem nordamerikanischer Prägung), »evangelistisch« (Evangelisation betreffend), »Evangelist« (Evangelisationsprediger), »Evangeliar« (ein liturgisches Buch mit den vier Evangelien) und »Evangelistar« (eine Textsammlung für den gottesdienstlichen Gebrauch). Alles klar? Übrigens: Auch in katholischen Kirchen (→ katholisch) wird das Evangelium gepredigt.

*Martin Schultheiß*

# Exerzitien

Exerzitien, der Name klingt irgendwie nach Zahnarzt. Gemeint ist aber eher eine fromme Wurzelbehandlung: Zeiten, in denen sich Einzelne oder Gruppen intensiv in sogenannten geistlichen Übungen wie Gebet (→ Gebet), Meditation oder längerem Schweigen mit sich selbst und Gott beschäftigen. Es geht an die Wurzel des eigenen Glaubens.

Hilfe kommt dabei zumeist von einem »geistlichen Begleiter« oder Exerzitienmeister. Nicht zu verwechseln mit einem Exorzisten (= »Teufelsaustreiber«)! Er leitet an, gibt Impulse, macht Lektürevorschläge oder führt in spirituelle Methoden ein und steht für Einzelgespräche zur Verfügung. Prägend für die »ejercicios espirituales« (span. = »geistliche Übungen«) war Ignatius von Loyola, der Gründer des Jesuitenordens. Seine Schrift über den Ablauf der Exerzitien lag bereits 1533 in Paris vor; bekannt wurde die lateinische Ausgabe von 1541.

Vier Wochen, wie Ignatius es vorschlug, kann sich heute kaum jemand schweigend aus dem Alltagsgeschäft zurückziehen. Tägliche Teilnahme an der Eucharistie (→ Eucharistie), zwei Zeiten der Gewissenserforschung und täglich bis zu fünf Stunden Bibelbetrachtung (→ Bibel) sind für die meisten Menschen religiöser Luxus. Doch Katholiken (→ katholisch) sind ja praktisch veranlagt, und so gibt es heutzutage viele kürzere Formen. Ignatius lud auch Menschen für eine oder mehrere Wochen ein, in denen sie sich abends nach Dienstschluss trafen. Heute erfreuen sich diese »Exerzitien im Alltag« großer Beliebtheit. Sie werden auch schon mal per E-Mail angeboten. Ein täglicher Impuls erreicht uns dabei übers Mailpostfach.

Daneben gibt es auch Exerzitien, die sich auf den Ordensgründer Benedikt beziehen, bei dem die »lectio divina«, eine geistliche Schriftlesung, im Mittelpunkt steht. Weitere Protagonisten im Exerzitien-Angebot sind Teresa von Avila und Johannes vom Kreuz – mit dem »Gebet der liebenden Aufmerksamkeit«. Gemeinsam sind ihnen allen das ritualisierte Beten und der Versuch, sich von Ablenkungen frei zu halten. Neue Exerzitienformen sind Berg-, Wander- oder Tanzexerzitien.

Für Protestantinnen und Protestanten (→ Reformation) klingen »geistliche Übungen« vielleicht als ein Widerspruch zur alleinseligmachenden Gnade, die keine Übungen und kein Ableisten einer vorgegebenen Zahl von wiederholten Gebeten braucht. Gleichzeitig kennt aber auch die evangelische Tradition heute »Rüstzeiten«, die durchaus Exerzitiencharakter haben.

*Marcus C. Leitschuh*

# Exkommunikation

Wörtlich übersetzt bedeutet Exkommunikation so viel wie »Ausgemeinschaftung« – gemeint ist dabei die Ausgemeinschaftung aus der katholischen Kirche (→ katholisch). Dieser Akt darf aber nicht als ein vollkommener Ausschluss aus der katholischen Kirche missverstanden werden, denn ein gänzlicher Ausschluss würde in Widerspruch zu der mit der Taufe (→ Taufe) unverlierbar erfolgten Eingliederung in die Kirche (→ Kirche) stehen.

Die Exkommunikation ist daher nicht eine gänzliche Aus-, sondern lediglich eine vorübergehende Absonderung von der kirchlichen Gemeinschaft, die dadurch zum Ausdruck kommt, dass bestimmte Rechte und Pflichten nicht in Anspruch genommen werden können. So schließt die Exkommunikation von der Spendung und dem Empfang aller Sakramente (→ Sakrament) aus, sowie von der Ausübung und Wahrnehmung liturgischer und kirchlicher Ämter, Dienste und Aufgaben.

Die Exkommunikation ist eine sogenannte Besserungsstrafe, die nachgelassen wird, sobald der Betreffende seine Widersetzlichkeit (»contumacia«) aufgibt und Reue zeigt. Für einen Strafnachlass ist wie bei den meisten Vergehen in der Regel der Ordinarius, also zum Beispiel der Diözesanbischof (→ Diözese), zuständig. Nur bei ganz wenigen und selten vorkommenden Straftatbeständen ist der Strafnachlass dem Papst (→ Papst) vorbehalten.

*Sabine Demel*

# Exsultet

Für die einen ist das »Exsultet« der Höhepunkt des Kirchenjahres, für andere neben den »Großen Fürbitten« am Karfreitag ein unendlich langatmiger Text in der römisch-katholischen und evangelisch-lutherischen Liturgie. Aber siehe da: Schon seit dem 4. Jahrhundert kennt die Kirche (→ Kirche) ein Loblied auf die Osterkerze. Ursprünge des

Textes liegen in Italien und Spanien, Einflüsse der byzantinischen Liturgie und der dort gesungenen Homilien (= »Verkündigungen«) sind deutlich.

Also: In der Osternacht singt meist der Diakon ein liturgisches Lied, in dem Christus als das Licht der Welt gepriesen wird. Seinen Namen hat dieses »Exsultet« von den lateinischen Eingangsworten für »es jauchze«. Je nach sängerischen Fähigkeiten des Vortragenden kann aus diesem Jauchzen und Frohlocken aber durchaus auch ein monotoner Sprechgesang werden. Doch die Freude und Überraschung über die Auferstehung Jesu (→ Jesus) und das leere Grab wurde ja auch vor 2000 Jahren nicht nur von ausgebildeten Sopranisten verkündet. Insofern ist es schon sehr authentisch, wenn der Herr Diakon vor lauter Aufregung und Osterfreude (→ Ostern) nicht jeden Ton trifft.

*Marcus C. Leitschuh*

# Fasten

40 Tage Fastenzeit. Von Aschermittwoch bis Ostern. Im Aufbruch aus dem Grab siegt Jesus (→ Jesus) als erster über den Tod (→ Ostern) und alles, was den Menschen vom wahren Leben abhält. Gott traut uns zu, österliche, das heißt aufbruchbereite Menschen zu sein. In der Fastenzeit geht es deshalb nicht um weniger, sondern um mehr Genuss. Das Leben schmeckt nämlich gleich viel besser, wenn es mit neuen Ideen gewürzt wird. Dafür sind die Tage vor Ostern ein gutes Übungsfeld. Gewohntes wird kritisch beleuchtet und neue Formen der Lebensgestaltung werden ausprobiert. Und das geht am besten, wenn man auch mal auf Gewohntes verzichtet. Denn die Ostersonne soll ja weniger das Alte bescheinen, sondern vielmehr Neues wachsen lassen. Dass sie dazu auch kitzelt und herausfordert, liegt in ihrem Wesen. Also: Eingerostete Freundschaften und Beziehungen auf Trab bringen. Sich mehr Zeit für sich und das echte Leben nehmen. Ausbrechen aus dem Trott.

Auch wenn man in der Fastenzeit auf Genussmittel verzichtet – der Sonntag bleibt die wöchentliche Erinnerungsfeier von Ostern. Deshalb fällt dieser Tag traditionell aus der Zählung heraus. Zählen Sie mal nach. Lässt man die fünf Fastensonntage drin, ist man schnell über den 40 Tagen. Die Vorfreude auf das Osterfest, die wir jeden Sonntag feiern, soll uns auch in der Fastenzeit erfüllen. Deshalb mein Rat: Machen Sie in der Fastenzeit sonntags etwas, das sie besonders gerne genießen. Ob nun Sekt, der frisch gepresste Orangensaft, Ihre Lieblings-CD oder einfach eine Stunde an Ihrem Lieblingsplatz in der Natur. Fasten, das hat nichts mit Beschneidung und Weniger zu tun, vielmehr mit einer Öffnung hin zu Dingen, die man schon längst hätte tun sollen.

»Lediglich mit dem Essen aufhören heißt noch nicht fasten!«, sagte Mahatma Gandhi. Es geht immer um unsere Einstellung zum Leben, nicht um äußerliche Handlungen. Wer in der Fastenzeit auf Dinge verzichtet, die er gerne macht, wird schnell unleidlich, und mit so einem Blick will uns kein Gott (→ Gott) der Welt, von unseren Mitmenschen mal ganz zu schweigen. Klar, Verzicht übt Unabhängigkeit ein, aus dem Trott auszubrechen zeigt, dass wir darüber hinaus auch aktiv werden können.

Unser Fastenzeitblick soll freudig auf Neues gerichtet sein. Auf mehr Lebensqualität, wirkliches Lebendigwerden. Sich Zeit zum Blick aufs eigene Leben nehmen, Veränderungen einleiten, sich freuen über Neuanfänge, Lust am Leben haben. Dann kann, dann wird Ostern sein.

*Marcus C. Leitschuh*

# Fegefeuer

Es ist gar nicht so leicht, den Unterschied zwischen der Hölle (→ Himmel und Hölle) und dem Fegefeuer zu erkennen. Aber wenn man bei mittelalterlichen Darstellungen genau hinsieht, erkennt man: Wer in der Hölle leidet, hat keinerlei Verbindung mehr zum Himmel. Wer aber im Fegefeuer steht, reckt betend und hoffnungsvoll die Hände zu Gott empor.

Auch wenn das Fegefeuer landläufig als eine Art zeitlich begrenzte Ersatzhölle verstanden wird: Eigentlich ist es ein Ort der Hoffnung. Im sogenannten »Purgatorium« – dem »Reinigungsort« – landet nämlich, wer für den Himmel bestimmt ist, aber vorher noch von seinen Unreinheiten befreit werden muss. Darum hieß es auch auf dem Konzil von Trient, das Fegefeuer solle »die Furcht vor der (ewigen) Verdammnis mildern« (!) und darum, bitte schön, nicht immer in so grausamen Zügen dargestellt werden.

Mit etwas Fantasie kann man in 1. Korinther 3, 13–15 eine biblische Begründung des Fegefeuers (→ Bibel) lesen: Der allgemeine Sünder »wird gerettet werden, doch so wie durchs Feuer hindurch«. Kombiniert man das mit dem biblischen Bild vom geläuterten Gold, so ergibt sich im Grunde ein schöner Gedanke: Aus uns sündigen Menschen (→ Sünde) wird alles herausgeschmolzen, was unrein ist, sodass am Ende der gute Mensch übrig bleibt, strahlend schön wie geläutertes Gold.

Im Mittelalter wurde bekanntermaßen viel Schindluder mit der Angst vor dem Fegefeuer getrieben. Den zeitweisen Aufenthalt in den reinigenden Flammen konnte man durch gute Taten – oder ersatzweise angemessene Geldsummen – verkürzen. Der Ablasshandel blühte und die dadurch finanzierte Peterskirche in Rom (→ Rom) wuchs in die Höhe. Aber Glaube und Angst vertragen sich einfach nicht. Darum ist es auch verständlich, dass ein »Mönchlein« namens Luther (→ Luther) gegen den Ablass – und auch gegen die Vorstellung vom Fegefeuer – aufstand. Bis heute gibt es etwas Derartiges im Protestantismus nicht.

Heute sind sich die Konfessionen einig, dass eine konkrete zeitliche und räumliche Definition des Fegefeuers unsinnig ist. Vielmehr gehe es um die letztliche Begegnung des Menschen mit Gott (→ Gott): Wenn dabei die Sünde eines Lebens aufgedeckt wird, tut das natürlich weh. Aber es ermöglicht auch die Vergebung. Wer es so versteht, darf das auch gerne »Fegefeuer« nennen, aber ohne anderen damit Angst zu machen. Denn um nichts anderes geht es, als dass der Mensch am Ende durch die »brennende Liebe« Gottes schließlich zu dem wird, als der er eigentlich gedacht war.

*Ingo Schütz*

## Fisch

Vor allem auf Autos sieht man sie: Fischsymbole in allen möglichen Varianten. Heißt das, dass die Fahrer besonders gerne Fisch essen? Sind sie Teilhaber der »NORDSEE«-Restaurantkette? Oder vielleicht doch nur leidenschaftliche

Angler? Im letzten Fall kommt man der Sache schon ein wenig näher: »Als nun Jesus (→ Jesus) an dem Galiläischen Meer ging, sah er zwei Brüder, Simon, der da heißt Petrus, und Andreas, seinen Bruder, die warfen ihre Netze ins Meer; denn sie waren Fischer. Und er sprach zu ihnen: Folget mir nach; ich will euch zu Menschenfischern machen!« (Matthäus 4, 18–19). Jesus verglich also den Missionsauftrag mit dem Fischen – nur dass es ihm natürlich um Menschen ging!

Ein weiterer ungewöhnlicher Zusammenhang ist schnell offensichtlich: Fische, die geangelt werden, landen in der Pfanne. Bei Menschen sieht es dagegen genau umgekehrt aus. Geangelte Menschen sollen aus der »höllischen Bratpfanne« (→ Himmel und Hölle) gerettet werden! Deswegen also der Fisch? Nicht ganz. Das Fisch-Symbol der Christen besteht aus zwei gekrümmten Linien, die einen Fisch darstellen. Es soll von den ersten Urchristen als Erkennungs- und Geheimzeichen benutzt worden sein: Eine Person zeichnete zunächst einen Bogen in den Sand, die andere vollendete das Symbol mit dem Gegenbogen und gab sich damit als Christ zu erkennen, da die Anfangsbuchstaben des griechischen Wortes für Fisch (»ICHTHYS«) als Zusammenfassung eines Bekenntnisses verstanden wurden (→ Christus).

Noch weiter gedacht könnte man den Fisch als Symbol für die Wahrheit deuten, die noch unter Wasser verborgen ist und die es zu fangen, also ans Licht zu holen gilt. Sie schillert zunächst im Verborgenen, entgleitet dem Fischer leicht, verspricht aber Nahrung. In der Geschichte vom Fischzug des Petrus erweist sich Jesus damit auch als Wegweiser zur Wahrheit.

Das Fisch-Symbol wird neuerdings wieder vermehrt von Christen (→ Christen/Christinnen) als öffentliches Erkennungszeichen verwendet. Vom Autoaufkleber bis zur Schmuckkette ist es als religiöses Symbol in der Öffentlichkeit präsent. Manchmal wird es auch in Kombination mit dem Kreuz verwendet. Beobachtet man allerdings die Fahrweise vieler Christen, wäre statt eines Fisches vielleicht ein Aufkleber mit folgendem Wortlaut passender: »Mein Fahrstil eignet sich leider nicht für christliche Aufkleber!«

*Volker Schmidt-Bäumler*

## Frauenordination

Im kirchlichen Gesetzbuch der katholischen (→ katholisch) Kirche (→ Kirche) heißt es kurz und bündig: »Die heilige Weihe empfängt gültig nur ein getaufter Mann.« Damit sind Frauen in der katholischen Kirche von allen Formen der Weihe (Diakonats-, Priester- und Bischofsweihe) ausgeschlossen.

Allerdings: Warum Frauen nicht zur Bischofsweihe zugelassen werden können, ist bislang weder angefragt noch lehramtlich näher erläutert worden. Ob Frauen die Diakonatsweihe empfangen können, wird dagegen zurzeit heftig diskutiert, da es in der Geschichte der katholischen Kirche phasenweise und regional einen Frauendiakonat mit eigenem Profil gab, der Ständige Diakonat erst vom Zweiten Vatikanischen Konzil (→ Zweites Vatikanisches Konzil) eingeführt wurde und vor allem, da die Argumente für die Wiedereinführung des Ständigen Diakonats für Männer in den 1960er-Jahren genau auf die heutige Situation vieler Frauen in der Kirche zutreffen: Frauen sind in Funktionen tätig, die als sakramentale Vergegenwärtigung der dienenden Grundhaltung Jesu Christi (→ Jesus) und der Kirche charakteristisch sind, sie nehmen in den Gemeinden verschiedene Dienste der kirchlichen Liebestätigkeit wahr und haben oft auch deren Leitung inne und sie üben liturgische Dienste aus wie die Austeilung der Eucharistie (→ Eucharistie), die Verkündigung des Wortes Gottes sowie die Leitung von Wortgottesdiensten (→ Gottesdienst) und Gebeten (→ Gebet) der Gläubigen. Das kirchliche Lehramt hat bisher zu dieser Diskussion noch nicht Stellung bezogen, sodass die Frage eines Frauendiakonats (noch) offen ist.

Im Unterschied dazu ist eine Öffnung der Priesterweihe für Frauen bereits in mehreren Dokumenten klar ausgeschlossen worden. So wurde bereits 1976 von der Glaubenskongregation dargelegt, dass sich die Kirche »aus Treue zum Vorbild ihres Herrn nicht dazu berechtigt hält, die Frauen zur Priesterweihe zuzulassen«. Diese Treue zum Vorbild des Herrn hat ihre Grundlage im Verhalten Jesu Christi, nur Männer in den Zwölferkreis berufen und damit als Apostel bestellt zu haben, der Handlungsweise der Apostel, ebenso nur Männer als ihre Nachfolger ausgesucht zu haben, der dadurch grundgelegten Tradition und der bleibenden Bedeutung dieser Praxis. Diese theologische Begründung hat Papst Johannes Paul II. (→ Papst) 1994 bekräftigt, ja sogar noch schärfer formuliert, indem er betont, dass »die Kirche keinerlei Vollmacht hat, Frauen die Priesterweihe zu spenden«, und dass »sich alle Gläubigen der Kirche endgültig an diese Entscheidung zu halten haben«.

*Sabine Demel*

# Freiheit

Gott (→ Gott) befreite das Volk Israel aus der Sklaverei, Jesus machte frei von Krankheit und Sünde, Paulus predigte die Freiheit, Luther schrieb »Von der Freiheit eines Christenmenschen« und die evangelische (→ evangelisch) Kirche (→ Kirche) versucht sich neuerdings als »Kirche der Freiheit« zu profilieren. Die Katholiken (→ katholisch) genießen ihre Freiheiten beim Karneval, daneben gibt es freie evangelische und evangelisch-freikirchliche Gemeinden sowie eine Fülle von weiteren Freikirchen. Wie kommt es, dass es trotzdem in etlichen christlichen Gemeinschaften eher zwanghaft als freizügig zugeht? Hier ein Erklärungsversuch: Freiheit macht Angst, die Sehnsucht nach ordnenden Gesetzen (→ Gebote) in einer chaotischen Welt ist groß und der Glaube an Gottes Durchsetzungskraft in den Seelen der Menschen klein. Deshalb müssen Vorschriften her, wenn man dem Prinzip der Liebe nicht mehr genügend Vertrauen schenkt.

Schon die frühen christlichen Gemeinden kannten das Problem. Nicht umsonst hat Paulus in seinem Brief an die

Galater polemisch gefordert, wer von Christen die Beschneidung verlange, um sie symbolisch unter das jüdische Gesetz zu zwingen, solle sich am besten gleich »verschneiden« lassen (wie es Luther höflich übersetzt). Wer in Gesetzen und Regeln den wesentlichen Inhalt des christlichen Glaubens (→ Glauben) sehe, verrate Christus (→ Christus) – so das leidenschaftliche und kompromisslose Votum des ehemaligen Gesetzeshüters und Christenverfolgers.

*Martin Schultheiß*

# Freude

»Comic« kommt ja von »komisch« und »komisch« laut Begriffslexikon von »zum Lachen reizend, belustigend, sonderbar, eigenartig«. Genau das trifft zu, wenn man die Bibel liest. Kaum hat man das Alte Testament (→ Bibel) aufgeschlagen, schon lacht einem ein Comic entgegen. Ja, Gott (→ Gott) ist schon am Anfang wirklich komisch, sonderbar und belustigend. Er plant zum Beispiel, nachdem er den ersten Menschen erschaffen hat, für seinen Adam »einen Gefährten, der zu ihm passt« (1. Mose 2, 18–24). Und was liefert Gott dem Adam? Nicht etwa Eva oder eine andere Frau, sondern Tiere! Ein Hängebauchschwein, eine Beutelratte, ein Pinguin … Erst im »2. Anlauf« schafft Gott dem Adam tatsächlich eine Gefährtin, die zu ihm passt (nicht unbedingt eine, die ihm immer passt).

Warum Gott das macht und Adam als passendes Gegenüber erst einmal diverse Tiere anbietet, verstehe ich nicht, finde ich aber irgendwie sehr witzig. Und: Ich soll ja Gott auch gar nicht verstehen, er spielt in einer anderen Liga. Gott verstehen, das ist ja so, als wenn eine Ameise den Oberförster verstehen wollte. Also, die Story mit Adam und den Tieren hat garantiert noch kein Hollywood-Produzent entdeckt, da könnte man nämlich einen sehr humorvollen Streifen draus machen.

Und im Neuen Testament geht es gleich weiter mit komischen Begebenheiten, die zum Lachen reizen, belustigend, sonderbar, eigenartig und merkwürdig, sprich: des Merkens würdig sind. Zum Beispiel die kürzeste Predigt im Neuen Testament? Schon tausend Mal gehört (und es ist nichts passiert) und sicher auch tausend Mal überhört, was da eigentlich wirklich steht. Finden kann man sie gleich am Anfang, in Lukas 2, 10–12 in der Weihnachtsgeschichte: »Und der Engel (→ Engel) sprach zu ihnen: Fürchtet euch nicht! Siehe, ich verkündige euch große Freude.« Gott kommt nicht mit einer Fliegenklatsche und sagt: »Jungs, jetzt räum ich auf! In Dreierreihen anstellen! Wenn ihr in den Himmel wollt, dann reißt euch zusammen!!« Nein, er kommt angstfrei – »Fürchtet euch nicht« (auf Neudeutsch: »Be cool, Baby, ich bin bei euch!«) – und lässt Freude verkündigen. Und nicht nur denen, die gewohnt waren, oben an der Festtafel zu sitzen, die, die ihre Sklaven zum Bedienen hatten, sondern dem »ganzen Volk«, auch dem Fußvolk, denen ganz unten.

Und gleich im Anschluss an die Verkündigung der Freude kommt der größte Knaller, der verrückteste »Witz« in der ganzen Bibel: »Das habt zum Zeichen: Ihr werdet finden das Kind in Windeln gewickelt und in einer Krippe liegen.« Windeln als Erkennungszeichen für Gottes großen Auftritt auf diesem Globus? Wenn es wenigstens ein roter Teppich gewesen wäre oder Fanfaren oder ein kleines Feuerwerk! Nein, ganz einfache, peinliche Windeln.

Ich meine: Das alles kann nur der größte Witz der Weltgeschichte sein oder es steckt wirklich Gott dahinter, der sich nicht ansatzweise vom Zeitgeist bestimmen lässt, von dem, was die Leute sagen und die Nachbarn und die Arbeitskollegen.

Wenn ich diesen Gott als Schrittmacher im Herzen, als Stütze in meinem Rückgrat, als Maßstab in meinem Kopf, als Tröster in meinen Verletzungen und als Freund im Himmel habe, dann gibt es nichts auf die Mütze, sondern was auf die Lachmuskulatur. Freude ist angesagt – Hoffnung, Dankbarkeit, Ermutigung, Barmherzigkeit und Motivation zum Leben! Und eine Eigenart der Freude ist die, dass sie raus will zu anderen, dass sie sich nicht in meinem Bauch verstecken will. Raus damit, andere anstecken von Gottes großer Freude, das wäre was!

*Arno Backhaus*

# Fronleichnam

Das Fronleichnamsfest erinnert an das letzte Abendmahl (→ Abendmahl) und die seitdem andauernde Präsenz Christi (→ Christus) im Brot der Eucharistie (→ Eucharistie). Da man im Schatten des Karfreitags den Gründonnerstag nicht wirklich fröhlich feiern kann, holt man das sechzig

Tage nach Ostern, also frühestens am 21. Mai und spätestens am 24. Juni nach. Oft wird dabei der Gottesdienst (→ Gottesdienst) auf öffentlichen Plätzen oder vor Kirchen gehalten. Bei katholischen (→ katholisch) Messen schließt sich eine Prozession an, bei der der Priester in einer Monstranz – einem wertvollen Schaugerät mit eingesteckter Hostie – mit den Gläubigen (→ Glauben) zu mehreren Altären zieht und am Ende nach dem »Te Deum« und dem »Tantum Ergo« den Segen spendet.

Das Fest geht zurück auf eine Vision der heiliggesprochenen (→ Heilige) Augustiner-Chorfrau Juliana von Lüttich im Jahre 1209. Sie sah einen Mond mit einem dunklen Fleck. Christus (→ Christus) selbst habe ihr erklärt, dass der Mond das Kirchenjahr sei und der Fleck das Fehlen eines Festes des Eucharistie-Sakraments (→ Sakrament). Martin Luther (→ Luther) sah Fronleichnam dagegen skeptisch. Kein Wunder, dass er es 1527 als das »schädlichste aller Feste« bezeichnete, denn oft wurde mit Prozession und Segen auch der Ablasshandel verbunden.

Meine Oma erzählte noch, dass die Protestanten in vielen Dörfern an Fronleichnam demonstrativ links und rechts der Fronleichnamsprozession die Wäsche heraushängten. Umgedreht revanchierten sich die Katholiken mit dem Wäschewaschen am Buß- und Bettag. Als Reaktion darauf wurde es in manchen gemischt-konfessionellen Gebieten (etwa der Schweiz) »üblich«, dass die protestantischen (→ evangelisch) Bauern als Provokation den Mist gerade an Fronleichnam auf die Felder ausbrachten. Ausgerechnet am Karfreitag zahlten es ihnen die katholischen

Milchbauern heim. Doch Jesus (→ Jesus) starb für alle und hätte sicherlich keine Freude daran, wenn die Katholiken ausgerechnet an seinem Todestag Mist ausfahren.

Die Zeiten sind vorbei, bei Kirchen- und Katholikentagen werden mittlerweile gemeinsame Andachten und Prozessionswege gefeiert. Es gibt sogar Fronleichnamsprozessionen, bei denen die evangelischen Nachbarpfarrer mitlaufen. Schön, dass es so etwas gibt, aber es gibt ja auch zum Glück keinen Ablasshandel mehr (wohl aber weiterhin den Ablass).

*Marcus C. Leitschuh*

# Gebet

Gebet ist »Kommunikation mit Gott« (→ Gott), die in den unterschiedlichsten Formen vorkommt, vom Herunterleiern eines Tischgebets bis zur schweigenden Versenkung, vom Stoßgebet hinter dem Lenkrad bis zum 7-Tage-à-24-Stunden-Gebetsmarathon, vom feierlichen Zeremonialgebet bis zum verzweifelten Hilferuf am Krankenbett.

Ein Gebet kann gesprochen, gesungen, getanzt oder getippt werden, schön formuliert oder heruntergestammelt, sauber durchdacht oder spontan geäußert, eher gedacht oder eher gefühlt – die Hände gefaltet, aneinandergelegt, in der Hosentasche oder zum Himmel erhoben, gebeugt sitzend oder aufrecht stehend, kniend oder liegend, allein oder in Gemeinschaft.

Fassen wir es ruhig einmal in Klischees: Für den kopflastigen Protestanten (→ evangelisch) liberaler Prägung ist das Gebet eher ein »Nachdenken vor Gott«, während das brave Kind »dem lieben Gott ein Gedicht aufsagt«, der Kranke um Heilung fleht, der gefühlsbetonte Charismatiker Gott sein Herz ausschüttet, der traditionelle Katholik (→ katholisch) im Rosenkranzgebet ein Halt gebendes Ritual findet, der Mystiker wortlos in die göttliche Sphäre eintaucht und der fromme Pietist seinem Herrn neben Lob und Dank auch eine Reihe von Wünschen vorlegt.

Das Beten in der Öffentlichkeit ist in fast allen christlichen Konfessionen weit verbreitet, obwohl Jesus (→ Jesus) selbst ausdrücklich vor der Gefahr gewarnt hat, dass man auf diese Weise oft nicht mit Gott redet, sondern eher seine Frömmigkeit zur Schau stellt. Er empfiehlt das Beten im »stillen Kämmerlein«, denn Gott weiß ja ohnehin, was wir brauchen, schon bevor wir ihn bitten. Und wenn es denn ein formuliertes Ritualgebet sein soll, dann eignet sich wohl am besten das Vaterunser (→ Vaterunser), in dem alles Wichtige enthalten ist. Nachzulesen ist dies alles in der Bergpredigt (→ Bergpredigt). Tatsächlich verbin-det das Vaterunser weltweit die Christen (→ Christen/Christinnen) praktisch aller Konfessionen, mehr noch als die Glaubensbekenntnisse.

Viele Christen machen die Erfahrung, dass ihre Gebete von Gott erhört werden – wenn auch nicht alle und manchmal auch völlig anders als erwartet. Dabei gilt die Faustregel, dass man nur dann um einen Lottogewinn beten sollte, wenn man auch bereit ist, dafür ein Los zu kaufen. Anders ausgedrückt: »Ora et labora« (lat. = »Bete *und* arbeite.«). Diese alte Benediktinerregel kann man auch so zuspitzen: Bete, als ob alles Arbeiten nichts nutzt, und arbeite, als ob alles Beten nichts nutzt. Ein simples, altes, weises Erfolgsrezept.

*Martin Schultheiß*

# Gebote

Nein, hier geht es nicht um das Bieten bei Auktionen. Mit »Geboten« sind die Anweisungen und Vorschriften gemeint, von denen es in der Bibel (→ Bibel) nur so wimmelt: Allein im Alten Testament finden sich 613 solcher Gebote unterschiedlichster Prominenz. Bei manchen kann man nur staunen, dass so etwas in der Bibel überhaupt Erwähnung findet (Zum Beispiel in 5. Mose 22, 8: Wer eine Dachterrasse anlegt, soll ein Geländer bauen.). Andere lassen uns schmunzeln (So zum Beispiel in 2. Mose 20, 26. Da steht, dass ein Altar nur ebenerdig gebaut werden soll, da sonst die Blöße des Priesters (→ Pfarrer/Priester) beim Treppensteigen aufgedeckt würde – offenbar trugen Priester damals erstens Röcke und zweitens keine Unterwäsche!).

In der Schar der Gebote sticht eine Sammlung heraus, die bis heute verbindlichen Charakter hat und nicht zu Unrecht vielen neuzeitlichen Gesetzbüchern zugrunde liegt: Der sogenannte »Dekalog«, die Zehn Gebote (die sowohl in 2. Mose 20 als auch in 5. Mose 5, mit leichten Abweichungen, überliefert sind). An ihnen wird schnell klar, dass die Gebote keine Zwangsmaßnahmen eines herrschsüchtigen Gottes (→ Gott) darstellen. Vielmehr dienen sie dem Leben in Gemeinschaft. Zum anderen merkt man schnell: Es ist gar nicht so leicht, die Gebote Gottes zu befolgen. Auch wenn Menschen zu allen Zeiten das immer wieder versucht haben. Schlimmstenfalls bildeten sie sich dann ein, wegen ihrer Treue zu den Geboten einen Anspruch auf das göttliche Heil zu haben.

Diesem Missverständnis tritt Jesus (→ Jesus) entgegen: »Der Sabbat (und damit auch jedes weitere Gebot) ist für den Menschen da, nicht umgekehrt!« (Markus 2, 27). Damit ruft er indirekt den Einleitungssatz der Zehn Gebote in Erinnerung, an dem sich ihre Umsetzung messen lassen muss: »Ich bin der Herr, dein Gott, der dich aus Ägyptenland, aus der Knechtschaft, geführt hat« (2. Mose 20, 2). Dient ein Gebot der Freiheit, die Gott dem Menschen verheißt? Dann ist es recht verstanden!

Paulus und mit ihm Luther (→ Luther) hörten Jesu Botschaft als das »Ende des Gesetzes« (Römer 10, 4), was bedeutet: Das Heil kommt allein aus der Beziehung zu Gott, nicht erst durch die Einhaltung der Gebote. Darum antwortete Jesus auch auf die Frage, welches das wichtigste aller Gebote sei: »Du sollst Gott lieben und deinen Nächsten wie dich selbst« (Markus 12, 29–31). Denn wer das tut, der erfüllt alle anderen Gebote gleich mit.

Ganz schön entlastend! Und doch muss man sich immer mal wieder selbst daran erinnern: Die Gebote helfen uns, das Leben auszukosten, solange wir nicht zu ihren Sklaven werden. An diese zeitlose Wahrheit könnten sich gerade die beiden Kirchen (→ Kirche) gut gegenseitig erinnern.

*Ingo Schütz*

# Gehorsam

»Katholiken (→ katholisch) müssen alles machen, was der Papst (→ Papst) sagt.« Die Gehorsamspflicht zieht sich, so wird oft behauptet, wie ein roter Faden bis hoch in den

Vatikan (→ Rom). Aber: Im Gesetzbuch der katholischen Kirche (→ Kirche) wird nicht einfach nur Gehorsam eingefordert, sondern explizit gefordert, dass der christliche Gehorsam »im Bewusstsein der eigenen Verantwortung« zu leisten ist. Wörtlich heißt es dort: »Was die geistlichen Hirten in Stellvertretung Christi als Lehrer des Glaubens erklären oder als Leiter der Kirche bestimmen, haben die Gläubigen (→ Glaube) im Bewusstsein ihrer eigenen Verantwortung in christlichem Gehorsam zu befolgen.«

Damit ist der christliche Gehorsam kein blinder und erzwungener Gehorsam, sondern ein reifer, beziehungsweise mündiger und vernünftiger Gehorsam, der in Freiheit (→ Freiheit) angenommen und verantwortet wird. Reife, Mündigkeit und Vernünftigkeit verlangen ein erhebliches Maß an Urteilsvermögen wie auch an christlicher Courage. Denn die Wahrnehmung der Verantwortung, das heißt: die gewissenhafte Prüfung ohne subjektive Überheblichkeit und voreilige Besserwisserei, kann unter Umständen nicht zu dem gewünschten Gehorsam, sondern im Gegenteil zu einem Ungehorsam und Widerstand führen.

Mit dieser rechtlichen Forderung, die christliche Gehorsamspflicht »im Bewusstsein der eigenen Verantwortung« wahrzunehmen, wird deutlich, dass die entscheidende Trennlinie nicht zwischen Freiheit und Gehorsam zu ziehen ist, sondern zwischen der Freiheit, die der eigenen Verantwortung gehorcht, und der Freiheit, die anderen Autoritäten gehorcht. »Es gibt also gar nicht zunächst eine Alternative zwischen Freiheit und Gehorsam, sondern genauer zwischen einer Freiheit, die der eigenen

Einsicht und dem Gewissensanspruch gehorsam ist, und einer Freiheit, die sich dem bloßen Formalismus von Autoritäten kirchlicher, staatlicher, wissenschaftlicher und charismatischer Herkunft unterwirft« (G. Müller).

Alle Gläubigen haben das Recht, aber auch die Pflicht, sich nicht einfach blind den von der kirchlichen Autorität angeordneten Gesetzen und Vorschriften (→ Gebote) zu unterwerfen, sondern diese in einem aktiven Akt der Einsicht in das Gebotene anzuerkennen und in verantwortetem Gehorsam zu befolgen oder nach kritischer Prüfung aus Überzeugung bzw. verantwortetem Ungehorsam abzulehnen. Deshalb: Nicht blinder Gehorsam ist eine Eigenheit des Katholiken, sondern die ständige Gewissensprüfung und -entscheidung.

*Sabine Demel*

# Gemeinde

Die Kirche (→ Kirche) ist eine Organisation, die sich in viele Gemeinden gliedert. Hierin ist sie zahlreichen anderen Verbänden zu vergleichen. Für den unbeteiligten Bewohner einer beliebigen Großstadt ist beispielsweise kaum ein Unterschied zwischen einem Turner- und einem Gemeindefest erkennbar. Allerdings gibt es solche Differenzen: Diese befinden sich allerdings im mentalen Bereich und daher außerhalb jeder Messbarkeit.

Unsere Gesellschaftsordnung spricht aufgrund dieser anderen, quasi jenseitigen Geisteshaltung von »Gesinnungsarbeitgebern«. Gemeint sind damit überwiegend

Kirchen und Gewerkschaften, die als einzige Körperschaften das öffentlich zugestandene Recht besitzen, ihre Mitarbeiter moralischen Überprüfungen und unmoralischen Arbeitsbedingungen auszusetzen. Daher vermeiden es christliche Gemeinschaften gerne, sich als säkulare Allerweltsstruktur zu beschreiben. Sie verschlüsseln sich eher und nutzen Bilder, um den Zweck ihrer Existenz und damit den Sinn hinter der Ausbeutung körperlicher und geistiger Ressourcen zu begründen.

Das am häufigsten verwendete Bild für Kirche und Gemeinde ist »das Schiff«. Es heißt, dieses führe mit den Gläubigen über die Weltmeere zum himmlischen Hafen. Ungeklärt bleibt, ob das Kirchenschiff untergehen kann. Auch die Titanic bezeichnete man schließlich als unsinkbar. Obige Metapher findet sich zum Beispiel in dem berühmten Lied: »Es kommt ein Schiff geladen …« Korrekt: Geladen sind sie alle in der Gemeinde! Weil das Kirchenschiff immer mit der gleichen Besatzung fährt. Der Pastor (→ Pfarrer/Priester) steht im Ausguck und sieht alles Mögliche auf uns zukommen. Der Diakon steht am Steuer und muss die Befehle von oben befolgen; seine Frau wiederum befindet sich in der Kombüse und backt Plätzchen. Und alle anderen? Rudern wie wild. Bei diesen Arbeitsbedingungen würde es nicht verwundern, wenn mal einer das Ganze zum Kentern bringt.

Vielleicht gefällt es eines Tages ja sogar Gott (→ Gott) selbst, seinen Christen (→ Christen/Christinnen) das Freischwimmen beizubringen. Schließlich gibt es auf dem Kirchenschiff keine Rettungsboote. Das verlangt der Stolz

der Klerikalen. Die halten ja ihre Kirche nach wie vor für das Traumschiff und sich selbst für Sascha Hehn. Unsere Kirche ist ein manchmal gemeines Wesen, eine Körperschaft mit oft unbeschränkter Haftung. Gott hab sie selig!
*Lutz von Rosenberg Lipinsky*

## Glauben

Landläufig versteht man unter Glauben das Fürwahrhalten von etwas, das man nicht wirklich weiß. »Ich glaube, dass Bayern München Meister wird.« – »Ich glaube, dass es keine schwarzen Schwäne gibt.« – »Ich glaube, dass die Welt in sechs Tagen erschaffen worden ist.« Für viele beginnt Glauben dort, wo das Wissen endet. Und in Meinungsumfragen, die alljährlich zu hohen Festtagen in Wochenmagazinen abgedruckt werden, dürfen die Befragten ankreuzen, welchen Glaubenssätzen sie zustimmen oder nicht.

Mag sein, dass es eine Reihe von Leuten gibt, für die das Glauben tatsächlich nur ein unbewiesenes Meinen ist. Manche glauben sogar, dass Gott (→ Gott) sie in besonderer Weise dafür belohnt, wenn sie »ihre Vernunft kreuzigen«, widersinnige Dogmen gegen alle Erkenntnis verteidigen und Glauben und Wissenschaft gegeneinander ausspielen. Ihr Motto heißt: »Credo, quia absurdum« (lat. = »Ich glaube, weil es absurd ist.«).

Aber für kluge und erfahrene Christen (→ Christen/Christinnen) gehört zum Glauben eine wichtige Komponente, die letztlich von viel größerer Bedeutung als die

Weltanschauung ist: Glauben als Vertrauen. Wenn ich einem Menschen vertraue, kann ich seinen Aussagen Glauben schenken, auch wenn ich sie nicht beweisen kann. Anders sind gute, enge Beziehungen gar nicht möglich. Und wenn ich an ein Projekt glaube, dann wird es viel eher gelingen, als wenn ich skeptisch bin. Als Gottes Geschöpfe sind wir Menschen sein Projekt. Unerschütterliches Gottvertrauen heißt dann: fest davon überzeugt sein, dass Gott an uns glaubt.

*Martin Schultheiß*

## Gleichberechtigung

Unzählige richtige Feststellungen, Witze, aber auch Vorurteile gibt es, wenn man auf die »Gleichberechtigung« von Mann und Frau in der katholischen (→ katholisch) Kirche (→ Kirche) zu sprechen kommt. Und tatsächlich: Im früheren Gesetzbuch der katholischen Kirche aus dem Jahr 1917 waren viele Regelungen enthalten, die Frauen klar benachteiligten und zum Teil entwürdigend waren. So durften zum Beispiel Frauen im Normalfall nicht den Ministrantendienst versehen. Nur in Ausnahmefällen war er ihnen gestattet und dann auch nur unter der Auflage, den Ministrantendienst aus der Ferne zu verrichten, ohne in irgendeiner Weise an den Altarraum heranzutreten. Ebenso frauenfeindlich, fast schon grotesk, waren auch die Bestimmungen, dass der Gesang von Klosterfrauen in einer Kirche oder Kapelle von einem für das Volk nicht einsehbaren Platz zu erfolgen hatte, bei der Vermögensverwaltung nur Männer dem Bischof (→ Bischof) behilflich sein konnten und nur ein Mann Antragsteller für einen Selig- und Heiligsprechungsprozess sein konnte.

Das erneuerte Gesetzbuch der katholischen Kirche aus dem Jahr 1983 betrachtet dagegen die Frau als in jeder Hinsicht ebenbürtig mit dem Mann (sieht man einmal von der Priesterweihe ab); dies geht klar aus den beiden Katalogen über die Pflichten und Rechte der Gläubigen und der Laien hervor, denn hier wird – bis auf eine Ausnahme – nicht zwischen Mann und Frau unterschieden. Pointiert heißt es dort: »Unter allen Gläubigen besteht, und zwar aufgrund ihrer Wiedergeburt in Christus, eine wahre Gleichheit in ihrer Würde und Tätigkeit, kraft der alle je nach ihrer eigenen Stellung und Aufgabe am Aufbau des Leibes Christi mitwirken.«

Jede und jeder Gläubige (→ Glauben) hat also das Recht, an der Heilssendung der Kirche mitzuwirken und das Apostolat auszuüben, allerdings – wie es im Gesetzestext heißt – »gemäß der je eigenen Stellung und Aufgabe«. Mit dieser Formulierung sind die sendungsspezifischen Unterschiede angesprochen, die es zwischen Klerikern, Ordensleuten und Laien gibt, keineswegs aber etwa sendungsspezifische Unterschiede zwischen Mann und Frau. Theoretisch ist damit die Gleichberechtigung der Frau weitgehend garantiert, doch praktisch hat sich diese Tatsache noch nicht besonders effektiv niedergeschlagen. Nach wie vor sind Frauen in kirchlichen Leitungs- und Führungspositionen unterrepräsentiert. Es bedarf wohl noch eines langen Atems gemeinsamer Bemühungen, die Auswirkungen der jahrhundertelangen Unterdrückung der Frauen in der und durch die Kirche auch praktisch zu überwinden.

*Sabine Demel*

## Glocken

»Sie haben unglaublich schöne Glocken!« (Zitat aus dem Kinofilm »Der Schuh des Manitu – Extra Large«). Bei den in diesem Zitat angesprochenen Glocken handelt es sich allerdings um zwei von Männern sehr geschätzte weibliche äußerliche Geschlechtsmerkmale. Im Gegensatz dazu hängen die in diesem Artikel gemeinten Glocken nicht an Menschen, sondern traditionell im sogenannten Glockenturm von Kirchen (→ Kirche), und werden durch Eisenstäbe zum Läuten gebracht. Meist werden Glocken aus Zinn, Eisen, Bronze oder Gussstahl gegossen und bestehen aus einer hauben- oder kelchförmigen, nach unten offenen Halbkugel, die sich zunächst konkav und dann konvex gewölbt nach unten erweitert.

Im Ländlichen oft als Zeichen von Idylle verstanden, künden läutende Kirchenglocken zum Beispiel den Beginn des Gottesdienstes (→ Gottesdienst) oder dessen Ende an. Im Hotelzimmer direkt neben einer Kirche mit lautem Geläut sind Glocken hingegen weder ländlich noch idyllisch, sondern oftmals einfach nur nervig und eine sakrale Dreistigkeit, möchte man doch einmal im Urlaub sonntags ausschlafen und ausnahmsweise mal nicht den Gottesdienst besuchen.

Muslime ersetzen Glocken durch ihren Muezzin auf dem Minarett, gerne auch mit Lautsprecher (möglicherweise um eine adäquate Lautstärke der nachbarschaftlichen Kirchturmglocken zu erreichen). Auch in diesem Fall sind direkt angrenzende Schlafstätten nicht wirklich empfehlenswert.

*Volker Schmidt-Bäumler*

# Gott

Den Begriff »Gott« zu definieren, ist eigentlich ein aussichtsloses Unterfangen, denn »definieren« heißt wörtlich »eingrenzen«, und genau das kann beim Allerhöchsten nicht funktionieren. Der Versuch, Gott zu definieren, gleicht deshalb dem Versuch, ein Stück nasse Seife zu packen: Je mehr man sich bemüht, desto mehr gleitet einem die Sache aus der Hand.

Abstrakte Begriffe wie »unbewegter Beweger« oder »höchstes Prinzip« mögen Philosophenhirne beflügeln, rühren aber die Herzen nicht an. Die Bibel (→ Bibel) selbst spricht deshalb von Gott vor allem in Bildern: Da ist er der »Schöpfer der Welt« und der persönliche »Gott Israels«, er tötet und schenkt Leben, er ist eifersüchtig, zornig, liebend, barmherzig, gerecht, gnädig, Herrscher, Geist (→ Heiliger Geist), Arzt und Papa – kurz: Er vereint so viele Gegensätze in sich, dass er nicht zu fassen ist. Die Theologie hat in zweitausend Jahren noch eine Reihe weiterer Widersprüchlichkeiten hinzugefügt, die mehr Fragen aufwerfen, als sie beantworten. Gott ist unter anderem dreifaltig, das heißt einer und doch drei zugleich (Wie kann einer sein eigener Vater sein?), er ist allmächtig, allwissend und allgütig zugleich (Wieso gibt es dann Stechmücken?), er lenkt die Geschichte und lässt doch den Menschen ihren freien Willen (Hätte er nicht wenigstens bei Hitler eingreifen müssen?), er durchdringt alles und ist dennoch verborgen (Warum versteckt er sich?).

Ein beliebtes mittelalterliches Rätselspiel lautete: »Kann der allmächtige Gott eigentlich einen Stein schaffen, der so schwer ist, dass er ihn selbst nicht heben kann?« All diese Fragen führen zu absurden Antworten, denn sie sind Konsequenzen von zu klein geratenen Gottesbildern. Es ist nachvollziehbar, dass viele Menschen daraus den Schluss ziehen, dass es Gott überhaupt nicht gibt. Nachvollziehbar, aber voreilig. Denn nicht umsonst steht gleich am Anfang der Zehn Gebote (→ Gebote) die Forderung: »Du sollst dir kein Bildnis machen!« Es scheint Gottes klarer und eindeutiger Wille zu sein, dass wir uns kein klares und eindeutiges Bild von ihm machen sollen. Rainer Maria Rilke beschreibt diesen Gedanken poetisch so: »Wir bauen Bilder vor dir auf wie Wände; so dass schon tausend Mauern um dich stehn. Denn dich verhüllen unsre frommen Hände, sooft dich unsre Herzen offen sehn.«

*Martin Schultheiß*

# Gottesbilder

Gott (→ Gott) wird gehalten. Wie ein Einsatz im Casino. Man hält ihn, in aller Regel, für was man will. Unter ihm kann man sich alles vorstellen – wie es jeweils scheint. Schließlich muss man sich auch alles unter ihm vorstellen. Denn das halten wir fest: Über ihn geht nichts. Wen man nicht alles für Gott hält. Für wen man Gott nicht alles hält.

Es gibt Völker, die halten Gott für ein Tier und verehren seine Wildheit. Hierzulande hält man ihn gewöhnlich für einen Menschen. Wie gewöhnlich. Manche halten ihn für einen Vater. Also für jemanden, der immer mal kurz vorbeikommt, um was zu verbieten. Manche halten Gott für eine Mutter. Also für jemanden, der anderen permanent Vorwürfe macht, wie viel Arbeit sie verursachen. Manche halten Gott für eine naive Jungfrau vom Land oder für einen jungen, unrasierten Esoteriker in Jesuslatschen. Manche glauben, er sei ohne Zeit, ohne Geschichte, ohne Schuld, ohne Tod. Die glauben, er wäre ein Kind.

Manche glauben, er sei ein Spieler: dem die Ewigkeit zu lang wurde. Da schuf er die Welt: dreistöckig – Himmel, Hölle – und dazwischen: Action. Und nun sitzt er zur Rechten des Croupiers und lässt die Kugel rollen, auf der wir alle sitzen: »Rien ne vas plus.«

*Lutz von Rosenberg Lipinsky*

# Gottesdienst

Sammelbegriff für alle Veranstaltungen, bei denen Christen (→ Christen/Christinnen) sich treffen, um gemeinsam vor Gott (→ Gott) zu treten, zu singen, zu beten und eine Predigt zu hören, wobei einzelne Elemente davon durchaus entfallen können. Die bei weitem häufigste Form dieser Zusammenkünfte ist der Sonntagsgottesdienst, bei den Katholiken auch »heilige Messe« genannt.

Während viele evangelische Gemeinden (→ Gemeinde) nur einmal im Monat Abendmahl (→ Abendmahl) feiern, gehört das katholische Pendant, die Eucharistiefeier, zwingend zur heiligen Messe dazu. Ganz eilige Katholiken sparen sich Gesänge und Predigt und schlüpfen nur kurz vor der Wandlung in den Kirchenraum, um sich gleich nach Empfang der Hostie wieder aus dem Staub zu machen. Bei den Katholiken spielt die Predigt eine eher untergeordnete Rolle, zumal mittlerweile in Deutschland viele ausländische Priester (→ Pfarrer/Priester) Dienst tun, die ohnehin rein akustisch niemand versteht. Viel wichtiger ist das Zusammengehörigkeitsgefühl, das Bewusstsein, einer weltumspannenden, starken Gemeinschaft anzugehören, und die Möglichkeit, nach der Kirche (→ Kirche) noch mit anderen Gemeindegliedern plaudern zu können.

Ganz anders bei den Protestanten: Dort spielt die Predigt eine zentrale Rolle. Luther (→ Luther), der Professor, war ein Mann des Wortes. Leider zwingt die hallige Akustik vieler Kirchen die Pfarrer dazu, unnatürlich langsam zu sprechen, was oft einen gekünstelten, sakralen Tonfall zur

Folge hat, der mit seinem Singsang alle Ecken und Kanten des Manuskripts einebnet. Da haben es die Freikirchler mit ihren kleineren und häufig auch moderneren Gebäuden deutlich besser. Je nach Couleur kann es dort dann auch sonntags richtig zur Sache gehen, mit Band statt Orgel, Beamer statt Gesangbuch und Action statt Meditation.

Früher galt vielen Christen der Gottesdienstbesuch als Sonntagspflicht (→ Sonntagspflicht), deren Vernachlässigung von Gott übel genommen wird. Mittlerweile sehen das viele Gläubige sehr viel lockerer. Sie finden Gott durchaus auch im Wald, selbst wenn der Pfarrer schimpft, sie sollten sich dann konsequenterweise vom Förster beerdigen lassen. Deshalb liegt der durchschnittliche Gottesdienstbesuch auch nur noch bei wenigen Prozent, zumindest dort, wo sich eine Kultur der weltfremden Leidenschaftslosigkeit breitgemacht hat.

*Martin Schultheiß*

# Heide

Heide ist zum Beispiel eine Kreisstadt des Kreises Dithmarschen in Schleswig-Holstein. Heide ist aber auch ein weiblicher Vorname, als Kurzform von Adelheid (in der Bedeutung: das vornehme Wesen). Heide ist eine Pflanzengattung und eine Landschaft. All das ist hier aber nicht gemeint.

Der Begriff »Heide« meinte ursprünglich einen Menschen, der sich zu keiner der großen Weltreligionen wie dem Christentum (→ Christus), Judentum oder Islam bekannte. Ursprünglich war damit ein »Ungläubiger« gemeint. Später wurde dieser Begriff durchgängig durch den Begriff »Nichtchrist« ersetzt. In der Moderne bezeichnen sich auch manche Atheisten (→ Atheismus) als Heiden.

Eine Frau mit dem Namen »Heide« oder »Heidi« ist deshalb nicht automatisch als Heidin anzusehen. Auch Heidekräuter dürfen durchaus auch von Christen in ihrem Garten angepflanzt werden (vielleicht sogar neben der Christrose?) und der »Heidepark«, ein Vergnügungspark in Soltau, ist keineswegs nur für Ungläubige konzipiert worden.

*Volker Schmidt-Bäumler*

# Heilige

In der ersten Gemeinde (→ Gemeinde) wurden alle Glaubenden (→ Christen/Christinnen) als »Heilige« bezeichnet, weil sie ja durch ihre Taufe (→ Taufe) zu Gott gehörten. Später wandelte sich der Begriff und bezog sich fortan nur noch auf besonders heilige Heilige, deren Leben sich durch herausragende Glaubenstaten auszeichnete – was ursprünglich meinte, dass sie als Märtyrer gestorben waren. Später galten auch andere Verdienste als hinreichend für eine Heiligsprechung von beispielhaften Menschen durch den Papst (→ Papst).

Religionssoziologisch entdecken Wissenschaftler in der Heiligenverehrung vor allem die Sehnsucht der Menschen nach echten Glaubensvorbildern, sakralen Heroen, die im wahrsten Sinne des Wortes »anbetungswürdig« sind. Denn weil die Heiligen Gott (→ Gott) ganz nah sind, ging man in der katholischen (→ katholisch) Kirche (→ Kirche) davon aus, dass sie beim Herrn im Himmel ein gutes Wort für die irdischen Bittsteller einlegen könnten. Und deshalb werden diese Vorzeigechristen bis heute mit Bildern, Heiligentagen, Festen und Verehrung bedacht.

Für Martin Luther (→ Luther) war das alles ein fragwürdiger Mummenschanz. Wenn Gott selbst Mensch geworden ist, um uns nah zu sein, dann – so seine Überzeugung – brauchen Glaubende doch keine glorifizierten Menschen. So leidet die evangelische (→ evangelisch) Kirche bis heute daran, dass sie keine echten frommen Popstars und keinen leidenschaftlichen Personenkult pflegen darf. Irgendwie auch schade.

*Fabian Vogt*

## Heiliger Geist

Der Heilige Geist erscheint auf den ersten Blick als die mysteriöseste Erscheinungsform des dreieinigen Gottes (→ Gott). Selbst hochgebildete Theologen geraten bei dem Versuch ins Stottern, diesen Begriff zu erklären. Probieren Sie es ruhig einmal aus!

Dabei geht es bei diesem Begriff nicht etwa um ein Gespenst, sondern um den Geist, der eine Gemeinschaft verbindet, so wie man sagt: »der Geist von Malente«. Ein solcher Geist bewirkt immer Be-Geist-erung. Allerdings: Vielerorts sind die Geistlichen in den Kirchengemeinden (→ Gemeinde) so vergeistigt, dass sie völlig entgeistert sind, wenn es zu einem geistlichen Aufbruch in ihrer Mitte kommt.

Das Wort »Geist« lädt übrigens zu mehr oder weniger geistvollen Wortspielen geradezu ein, denn es hat – auch in anderen Sprachen – eine ungeheuer vielschichtige Bedeutung. Zum einen bezeichnet es den Verstand, zum anderen intensive Emotion, darüber hinaus auch ganz trivial einen Schnaps. Es meint aber immer etwas Luftiges, Flüchtiges, Nicht-Greifbares. Im Hebräischen und Griechischen übrigens auch den Lufthauch, Wind oder Atem.

Im Alten Testament (→ Bibel) ist meist vom »Geist des Herrn« die Rede, der erstaunliche Wirkungen zeigt, wenn er über einen Menschen kommt: Ekstase, Vernunft oder Kampfesmut, je nach Situation. Im Neuen Testament geht es dann um ganz andere Dinge: Maria wird schwanger vom Heiligen Geist, Jesus (→Jesus) nennt den Heiligen Geist einen Tröster, der die Jünger nach seinem Tod begleiten wird, und Paulus wird nicht müde zu betonen: »Der Herr ist der Geist; wo aber der Geist des Herrn ist, da ist Freiheit.«

Es lohnt sich, mit der Suchmaschine einer Online-Bibel mal all die Verse abzuklappern, in denen vom »Geist des Herrn«, »Geist Gottes« oder vom »Heiligen Geist« die Rede ist. Man wird schnell feststellen, dass diese Begriffe in erstaunlich vielschichtiger Weise zur Anwendung kommen und sich jeder dogmatischen Festlegung entziehen. So ist das nun mal mit dem Wind: Man kann ihn nicht in einem Frischluftmuseum ausstellen.

*Martin Schultheiß*

## Herrgottswinkel

Ein wunderbares Wort: Herrgottswinkel. Was wäre ein Heimatfilm oder eine Berg-Serie, was ein vorweihnachtliches Hausmusizieren im Bayerischen Fernsehen ohne jene Ecke in der bäuerlichen Wohnstube: An der Wand vor der geschnitzten Eckbank hängt ein Kruzifix, geschmückt mit Heiligenbildern und Ikonen. Vielleicht liegt daneben auch eine Bibel oder ein Gesangbuch bereit. Blumen und anderer Schmuck lassen die Ecke dann endgültig zum Hausaltar werden.

Sähe es nicht manchmal etwas überladen aus, eigentlich keine schlechte Idee, einen Ort in der Wohnung zum besonderen Gedenkort zu machen. Jesus (→ Jesus) soll dabei nicht in die Ecke gestellt werden, sondern aus der Ecke heraus präsent sein und zum Versammeln unterm Kreuz einladen.

Ob bei Neubauten viele Häuslebauer tiefgläubig sind oder nur auf Folklore setzen, wenn sie unbedingt neben der Holztür und dem Balkon vor der Hütte auch einen Herrgottswinkel wollen, sei dahingestellt. Aber auch hier gilt die rheinisch-katholische Gelassenheit bei bayerischen Frömmigkeits- und Architekturfragen. Gott (→ Gott) ist in jedem Winkel, in jeder Ecke der Welt bei uns. Warum also nicht auch im Herrgottswinkel.

*Marcus C. Leitschuh*

## Hierarchie

In der Umgangssprache bedeutet »Hierarchie« zumeist einfach eine bestimmte Rangfolge, Abstufung, Über- und Unterordnung. Wörtlich übersetzt heißt Hierarchie aber etwas ganz anderes, nämlich: heiliger Ursprung (griech. = »hieros arche«). Gemeint ist der heilige Ursprung der Kirche (→ Kirche), der deshalb als heilig gilt, weil nach katholischer (→ katholisch) Glaubensüberzeugung Ursprung und Legitimation, Daseinsgrund und Daseinszweck der Kirche weder in einem Naturphänomen noch in einem menschlichen Gründungsakt liegen, sondern ausschließlich im Willen Gottes (→ Gott). Und der Wille Gottes in und mit der Kirche ist es, die Sendung Jesu (→ Jesus) Christi fortzusetzen, nämlich Menschen in die Gemeinschaft mit Gott zu führen.

Damit die Kirche als Ganze diesen einzigartigen Willen Gottes treu bewahrt und befolgt, gibt es das besondere Amt, das durch das Sakrament (→ Sakrament) der Weihe verliehen wird und deshalb auch als Weiheamt bezeichnet wird. Kennzeichen dieses besonderen Amtes ist es, dass es sowohl ganz in der Gemeinschaft und zugleich auch im Gegenüber zu dieser Gemeinschaft steht. In diesem »Doppelstand« hat es die Aufgabe, deutlich zu machen, »dass die Kirche von Christus her existiert und er ihr Haupt ist. Es verhindert, dass eine Gemeinde sich verselbständigt, sich selbst ihre Ordnung und schließlich auch ihr ›Evangelium‹ gibt« (Franz Kamphaus).

Weil die Glieder des Volkes Gottes, die diesen Dienst des Weiheamtes übernehmen, die Repräsentanten, Garanten und Hirten des vorgegebenen und unverfügbaren heiligen Ursprungs der Kirche sind, wird der Ausdruck der »Hierarchie« auch auf sie angewendet. In diesem Sinn ist die »Hierarchie« in der katholischen Kirche die Bezeichnung für die geweihten Amtsträger, die die Aufgabe und Funktion haben, dem Volk Gottes Christus, den unsichtbaren Herrn, sichtbar zu vertreten und es in ihm zu einen.

Deshalb ist das Volk Gottes nur dann und dort voll als Kirche Christi versammelt und verwirklicht, wenn ihr unsichtbarer Ursprung und Herr, nämlich Jesus Christus, sichtbar vergegenwärtigt wird, und zwar durch die Person eines Geweihten. Somit gehört nicht nur das Volk

Gottes, sondern auch das hierarchische Element zum Wesen der katholischen Kirche, und zwar in folgendem Sinn: Ob sich das Volk Gottes oder ein Teil des Volkes Gottes in der Eucharistiefeier (→ Eucharistie) oder in der Pfarrei, auf der Ebene der Teilkirche oder der Gesamtkirche versammelt, immer bedarf es in seiner Mitte eines ordinierten Amtsträgers, der dieser Gemeinschaft vorsteht und für sie den unsichtbaren Herrn sichtbar vertritt, um die Vollgestalt von Kirche zu verwirklichen.

Für Martin Luther (→ Luther) ist das ein theologisch heikler Gedanke gewesen, den er für Ketzerei gehalten hat. Seiner Meinung nach ist Jesus Christus auch dann leibhaftig anwesend, wenn sich kein geweihter Würdenträger blicken lässt. Schließlich hat der Sohn Gottes selbst verkündet: »Wo zwei oder drei in meinem Namen versammelt sind, da bin ich mitten unter ihnen.«

*Sabine Demel*

## Himmel und Hölle

Kaum etwas hat die Fantasie der Glaubenden (→ Glauben) aller Religionen so beflügelt wie die Frage: »Was passiert nach dem Tod?« Dabei entstand erstaunlicherweise immer wieder die Vorstellung, dass das Leben eine Art Casting-Show ist, eine herausfordernde Bewährungszeit, deren Ausgang über den Verbleib im Jenseits entscheidet. Das setzt natürlich arg unter Druck. Denn die Ewigkeit kann ziemlich lang dauern. Vor allem gegen Ende.

Im Christentum entwickelten sich im Lauf der Zeit für die Jenseitsoptionen Bilder von Himmel und Hölle. Dabei muss deutlich gesagt werden: Weder die Vorstellung von Harfe spielenden Engeln, die auf Wolken sitzen und den ganzen Tag dem Herrn frohlocken, noch der Alptraum von hämisch grinsenden Teufeln, die arme Sünder (→ Sünde) auf dem Menschen-Barbecue grillen oder sie in Güllebecken tunken, sind in irgendeiner Weise biblisch.

Zudem erleben viele eine Spannung zwischen dem Gedanken an ein »Jüngstes Gericht«, bei dem die Menschen all ihre Nettigkeiten als Guthaben und all ihre Bösartigkeiten als Schulden aufgerechnet bekommen, und der frohen Botschaft von einem gnädigen, liebevollen Gott (→ Gott). Dennoch betont die Bibel immer wieder, dass es nicht gleichgültig ist, wie man lebt. Trotz aller »Gnade« sind Glaubende deshalb aufgefordert, verantwortungsvoll zu handeln und ihr Verhalten mit den Idealen Gottes abzustimmen.

Von Anbeginn an versuchten Theologen, diese Aporie zu verstehen und zu deuten. Und während im Mittelalter viele Leute ihr Leben lang schreckliche Angst hatten, sie könnten für ihre Fehler in die Hölle kommen (was bestimmt nicht in Gottes Sinn ist), weisen viele Christen (→ Christen/Christinnen) darauf hin, dass im Gegenzug heute doch eine gewisse Unbedarftheit vorherrscht: »Ich mach, was ich will, Gott wird mir schon vergeben.« Beides ist theologisch falsch und trägt nicht zu einem gelingenden Leben bei.

Der Schriftsteller C. S. Lewis hat in seinem Buch »Die

große Scheidung« versucht, Himmel und Hölle so zu erklären: Alle sind zum Himmel eingeladen. Aber wer 80 Jahre als egoistisches Monstrum dahinvegetiert hat, der wird sich auch nach dem Tod bei Gott nicht wohl fühlen. Und Paulus schreibt: »Die Menschen werden gerettet. Aber wie durch ein Feuer hindurch« (→ Fegefeuer). Sprich: Irgendwann werden wir auf unser Dasein zurückschauen. Und werden sehen, was wir alles falsch gemacht haben. Das wird uns ziemliche Schmerzen bereiten. Wie ein Feuer. Aber Gottes Wille ist das nicht.

*Fabian Vogt*

## Hokuspokus

»Hokuspokus« ist ein Zauberspruch, was hat der in einem christlichen Lexikon zu suchen? Hexenzeug neben Tabernakel und Weihrauch? Doch, doch, das passt, denn dieser »Zauberspruch« ist sehr katholisch (→ katholisch). In lateinischer Sprache gehaltene Eucharistiefeiern (→ Eucharistie) kennen während der Wandlung den Segen »Hoc est enim corpus meum« (»Dies ist nämlich mein Leib.«). Wer kein Latein konnte, verstand damals nur so etwas wie »Hokuspokus«. Und das genau an der Stelle, an der aus dem Brot der Leib Jesu Christi wird.

Eine andere Erklärung bringt die Kirchen (→ Kirche) der Reformation (→ Reformation) ins Spiel, die angeblich die Wandlungsworte mit Absicht karikiert hätten, weil sie eine Wandlung als Zauberei ablehnten. Gegen so ein Wandlungsbild muss man sich auch wehren, denn die

Gegenwart Jesu hat nichts mit Magie zu tun. Der Pfarrer (→ Pfarrer/Priester), der die Kinder um Stille bittet, weil er sich so sehr konzentrieren müsse, um den Herrn Jesus in das Brot zu kriegen, ist zum Glück ein tatsächlich vorgekommener Einzelfall, denn Christen (→ Christen/Christinnen) glauben nicht an Zauber, weder an faulen noch an einen im Gottesdienst (→ Gottesdienst). Kein Spruch der Welt holt Jesus in ein Stück Brot. Nur der Glaube allein und der ist kein Hokuspokus. Gott selbst ist unabhängig von den Menschen, ihren Sprüchen und ihrem Glauben gegenwärtig.

*Marcus C. Leitschuh*

# Hostie → Monstranz

# Humor

Wer immer noch glaubt, die Bibel wäre ohne Humor, den kann ich nur auf Gottes (→ Gott) Diätprogramm verweisen (Johannes 3, 30): »Er muss wachsen, ich aber abnehmen.« Auch Gottes Wellness-Programm ist reizvoll. Wie wird man jünger? Ganz einfach: Jesus folgen, dann wird man Jünger!

Ja, es gibt sogar eine ausführliche WC-Anordnung Gottes. Ernsthaft (5. Mose 23): »Du sollt draußen vor dem Lager einen abseits gelegenen Ort haben, dahin du zur Notdurft hinausgehst. Und du sollst eine Schaufel haben, und wenn du dich draußen setzen willst, sollst du ein Loch graben; und wenn du gesessen hast, sollst du zuscharren, was von dir gegangen ist.«

Schön finde ich auch immer wieder Gottes Zahnarztpsalm: »Tu deinen Mund weit auf! Ich will ihn füllen« (Psalm 81, 11). Und über Models, die keine Manieren haben, schreibt die Bibel: »Ein goldener Ring im Rüssel einer Wildsau? So ist eine schöne Frau ohne Benehmen!« (Sprüche 11, 22).

Tatsächlich wurde jahrhundertelang bierernst darüber gestritten, ob Jesus (→ Jesus) gelacht hat. Und das Problem ist: Es wird in der Bibel (→ Bibel) nicht explizit erwähnt. Andererseits war Jesus bei seinen Gegnern als »Fresser und Weinsäufer« verschrien, einer, der auf Partys Wasser in Wein verwandelt und sich immer wieder mit merkwürdigen Gestalten trifft, um zu feiern. Und es ist einfach nicht vorstellbar, dass er bei all diesen Festivitäten die ganze Zeit die Mundwinkel nicht einmal zu einem fröhlichen Grinsen gehoben haben soll.

Bis heute tun sich viele Christen (→ Christen/Christinnen) mit dem Humor schwer. Aus Angst am Heiligen zu kratzen. Schade. Denn Glauben (→ Glauben) hat immer etwas mit Freiheit zu tun. Und wer frei ist, darf auch befreit lachen.

*Arno Backhaus*

# Impotenz

Man höre und staune, wie konkret die katholische (→ katholisch) Kirche (→ Kirche) denkt und sich auf alle Eventualitäten des Alltags einstellt: »Impotenz« ist ein Fachbegriff des kirchlichen Eherechts und umschreibt ein Ehehindernis, nämlich die Unfähigkeit zum Beischlaf. Damit ist die Unfähigkeit zum Vollzug des Geschlechtsverkehrs gemeint, nicht aber die Unfähigkeit zur Zeugung von Nachkommenschaft. Die Unfähigkeit zur Zeugung von Nachkommenschaft ist ein Aspekt, der bei der Impotenz keine Rolle spielt, es sei denn, diese Unfähigkeit wird arglistig verschwiegen.

Die Beischlafsunfähigkeit kann auf organischen, funktionellen oder psychischen Störungen beruhen sowie verschiedene Erscheinungsformen haben: fehlender Samenerguss (ejakulative Impotenz) und unvollständige oder gar keine Erektion (erektive Impotenz, erektile Dysfunktion). Allerdings gilt nicht jede Impotenz als Ehehindernis. Zum Ehehindernis wird Impotenz als Unfähigkeit zur leiblichen Vereinigung erst, wenn drei weitere Bedingungen erfüllt sind: 1. Diese Unfähigkeit muss der Eheschließung vorausgehen, 2. dauerhaft und 3. zweifelsfrei gegeben sein.

»Der Eheschließung vorausgehend« heißt, dass eine Impotenz, die erst im Verlauf der Ehe, beispielsweise durch einen Unfall oder durch eine Krankheit, eintritt, nicht als Ehehindernis gilt. »Dauerhaft« beinhaltet die Tatsache, dass die der Eheschließung vorausgehende Impotenz mit medizinischen Mitteln nicht behoben werden kann. »Zweifelsfrei gegeben« meint, dass keinerlei Zweifel an dem Vorliegen einer Impotenz existieren.

Fehlt eines dieser drei Kriterien oder besteht ein Zweifel, so darf die Eheschließung nicht verhindert werden. Grundsätzlich gilt: Es gibt wohl keine Form der Beischlafsunfähigkeit, die als untherapierbar zu betrachten ist. Das wiederum hat zur Folge, dass ein Paar, das um die Beischlafsunfähigkeit des Partners weiß und dennoch eine Ehe eingehen möchte, nicht an einer kirchlichen Eheschließung gehindert werden darf; ob die Eheleute dann auch mit Hilfe der Medizin die Beischlafsfähigkeit herstellen oder nicht, bleibt ihnen überlassen.

Außerdem ist zu bedenken, dass auch in einer Ehe ohne Geschlechtsgemeinschaft die Liebes- und Lebensgemeinschaft personal ganzheitlich gelebt werden kann. Denn die Geschlechtsgemeinschaft ist sicherlich ein wichtiges, aber nicht das einzig bestimmende Element der Ehe. Schließlich ist es nicht die Sexualität, sondern die Totalität, die die Ehe als umfassende Liebes- und Lebensgemeinschaft von allen anderen zwischenmenschlichen Gemeinschaftsformen unterscheidet.

Es gilt aber, dass erst in der Bereitschaft zu einer solchen umfassenden Schicksalsgemeinschaft eine Beziehungsqualität erreicht ist, die ihren angemessenen Ausdruck im Geschlechtsakt als der besonders intensiven Form sexueller Zuwendung in ihrer partnerschaftlich-lustvollen und auf Fruchtbarkeit ausgerichteten Dimension finden kann. Da soll noch einer sagen, die katholische Kirche sei lustfeindlich.

*Sabine Demel*

# Inkarnation

Als einen »eingefleischten Gott« (→ Gott) könnte man Jesus (→ Jesus) Christus (→ Christus) bezeichnen – denn »Einfleischung« ist die wörtliche Übersetzung von »Inkarnation«, was auf den Sohn des Allmächtigen bezogen bedeutet: Gott selbst ist Mensch geworden.

Die klassische Formulierung dafür findet sich im Johannes-Prolog, wo es heißt: »Und das Wort ward Fleisch« (Johannes 1, 14). Mit großen Worten wird dort schon zu Beginn des Evangeliums besungen, was der Autor zu Recht als Augenblick des Heils feiert. Denn nicht in der Überwindung des Todes durch die Auferstehung (→ Auferstehung) unterscheidet sich das Christentum von allen anderen Religionen, sondern dadurch, dass Gott Mensch wird. Nun ist die Rechtschaffenheit des Menschen keine Bedingung mehr für die Begegnung mit Gott. Nun begibt sich Gott selbst vollends auf Augenhöhe mit den Menschen.

Wie sonst sollte Gott den Menschen in Freud und Leid wahrhaft begleiten können? Nur indem er als Mensch selbst am Leben der Menschen teilnimmt. Und das nicht zu knapp: Vom fröhlichen Feiern wird schließlich ebenso berichtet wie davon, dass Jesus die schwärzesten Stunden des Menschseins auf sich genommen hat. Sogar die Gottverlassenheit hat Jesus – der wahre Gott – ertragen (»Mein Gott, warum hast du mich verlassen?«, Matthäus 27, 46).

Nun stellt sich die Frage: Inwiefern ist Jesus heute noch »eingefleischt« unter uns, wo er selbst doch mit seiner Himmelfahrt (→ Christi Himmelfahrt) die Erde verlassen hat? Auf katholischer (→ katholisch) Seite lebt die Vorstellung, dass die Kirche (→ Kirche) der neue Leib Christi sei. Schließlich führt sie sein Werk weiter, nicht zuletzt durch die Verwaltung der Sakramente (→ Sakrament), in denen Christus gegenwärtig ist. Protestanten (→ evangelisch) erheben hier lauten Einspruch: »Die Kirche, wie sie uns vor Augen steht, ist etwas Irdisches. Ihre Strukturen dürfen nicht durch theologische Spitzfindigkeiten heiliggesprochen werden!«

Wenn man aber diese Begründungen einmal kurz ausblendet, könnte man das Verwegene tatsächlich wagen: Wo Menschen in einer Gemeinde mit all ihren Eigenheiten und Bedürfnissen angenommen werden und aufblühen können, da begegnen sie Christus selbst. Und umgekehrt. Und wenn das stimmt, dann liegt der Gedanke der Inkarnation gar nicht mehr so fern. Übrigens könnte man sagen, dass wir bis heute ein großes, jährliches Inkarnationsfest feiern. Die »Einfleischung« Gottes wird sogar staatlicherseits mit zwei freien Tagen bedacht: An Weihnachten (→ Weihnachten) nämlich, wenn wir uns darauf besinnen, dass Gott wirklich Mensch geworden ist. Wie du und ich.

*Ingo Schütz*

# Inquisition

Am Anfang dieses Artikels entschuldige ich mich gleich mal dafür, dass ich katholisch (→ katholisch) bin. Irgendwie erscheint das »politisch korrekt«, angesichts des Leides, das die Inquisition über die Menschheit gebracht hat. Obwohl: Fürs Katholischsein muss man sich ebenso wenig entschuldigen wie fürs Deutschsein, wenn man sich der Verantwortung aus der Geschichte bewusst ist.

Als Inquisition bezeichnet man spätmittelalterliche und frühneuzeitliche Gerichtsverfahren, die sich unter der Mitwirkung oder im Auftrag von Geistlichen dem Auffinden von Ungläubigen und Kritikern der Religion widmeten. Der geistliche Vorsitzende eines Inquisitionsgerichts war der Inquisitor, wie wir ihn heute vor allen Dingen aus dem Buch und Film »Der Name der Rose« kennen. Verfolgungen ausgesetzt sahen sich hauptsächlich als häretisch eingestufte christliche Glaubensgemeinschaften, darunter die Apostelbrüder, Beginen und Begarden, Flagellanten, Fraticellen, Hussiten, Joachimiten, Katharer (Albigenser), Lollarden, Protestanten, Waldenser, Wiedertäufer, aber auch kleinere Gruppen oder einzelne Personen mit abweichenden Ansichten, etwa die Heilige Jeanne d'Arc oder der Denker Giordano Bruno.

Zu »Straftatbeständen« gehörten damals Magie, Hexerei, Gotteslästerung oder Sittlichkeits- bzw. Sexualverbrechen. Papst Innozenz III. (1161–1216) schuf das Inquisitionsverfahren. Der Vorteil: Archaische Gottesurteile waren verboten, Protokollpflicht wurde eingeführt. Papst Innozenz IV. genehmigte dann 1252 die Folter zur Wahrheitsfindung. Wobei den Betroffenen keine bleibenden körperlichen Schäden zugefügt werden durften. Ein frommer Wunsch.

1908 wurde die »Römische Inquisition« (→ Rom) als Organ des Vatikans umbenannt in »Sacra congregatio Romanae et universalis Inquisitionis seu Sancti Officii« oder kurz »Sanctum Officium«. 1965 wurde sie in »Kongregation für die Glaubenslehre« umbenannt. Präfekt wurde Josef Kardinal Ratzinger, seit 2005 Papst Benedikt XVI. (→ Papst).

*Marcus C. Leitschuh*

# Jesus

Auch genannt »Jesus Christus« (→ Christus) oder »Jesus von Nazareth«. Um einen weitverbreiteten Irrtum gleich zu Beginn auszuräumen: Jesus war keineswegs der Erfinder der allseits beliebten »Jesuslatschen«, auch wenn er nach einhelliger Meinung des Neuen Testamentes (→ Bibel) zu Lebzeiten viel und ausdauernd gelatscht ist. Entgegen aller Gerüchte handelt es sich bei ihm auch nicht um den Vater des Christstollens. Und der Namenszusatz »von Nazareth« weist nicht etwa auf eine adlige Abstammung hin, sondern kennzeichnet lediglich den Ort seiner Herkunft.

Der männliche Vorname »Jesus« war im Judentum des ersten Jahrhunderts weit verbreitet. In den Schriften des jüdischen Historikers Flavius Josephus kommen jedenfalls viele Menschen dieses Namens vor. Von 37 vor Christus – 70 nach Christus trugen ihn allein vier Hohepriester. Er ist die latinisierte Form des altgriechischen »Ιησούς« und übersetzt im Neuen Testament den hebräisch-aramäischen Namen Jeschua (Kurzform: Jeschu, Langform: Jehoschua), was so viel wie »Gott ist die Rettung« bedeutet. Sein bekanntester Träger ist sicherlich Jesus von Nazareth, den das Christentum als »Jesus Christus« und der Islam als »Isa bin Maryam« (»Jesus, Sohn Marias«) verehrt.

Das genaue Geburtsdatum von Jesus ist unbekannt. Nach Matthäus 2, 1 wurde er vor dem Tod Herodes des Großen (4 vor Christus) geboren. Man nimmt daher an, dass Jesus zwischen 7 und 4 vor unserer Zeitrechnung auf die Welt kam. Laut Neuem Testament hießen seine Eltern Maria und Josef (→ Josef), was den meisten Historikern heute als gesichert gilt. Matthäus und Lukas berichten außerdem, Jesus sei der Sohn einer Jungfrau gewesen, was Historiker heute eher selten als Fakt ansehen. Vielfach wird es als Folge einer Fehlübersetzung interpretiert (Hans Küng: »*Wenn man genau hinschaut, fällt auf, dass die ganze hebräische Bibel von keiner ›Jungfrau‹ redet. Es heißt eben nicht ›die Jungfrau soll gebären‹, sondern, ›eine junge Frau soll gebären‹, ›alma‹ auf Hebräisch. Ich habe nichts gegen dieses Ursymbol, das bedeutet natürlich etwas. Aber man sollte es nicht als biologisches Faktum nehmen.*«).

Als erster Sohn einer frommen jüdischen Familie lernte Jesus den Beruf seines Vaters. Josef war Bauhandwerker (oft irreführend als »Zimmermann« übersetzt), also wohl im Haus- und Schiffbau tätig. Die vier Evangelien berichten zusammenhängend allerdings nur aus Jesu letzten Lebensjahren. Nach Lukas 3, 1 trat Johannes der Täufer, der Jesus ankündigte, »im 15. Jahr der Herrschaft des Kaisers Tiberius« auf. Demnach begann das öffentliche Wirken Jesu als Wanderprediger frühestens ab 28 nach Christus. Damals war er etwa 30 Jahre alt (Lukas 3, 23).

Jesus zog mit seinen Anhängern durch das damalige Israel, legte die Schriften der hebräischen Bibel aus, predigte, heilte Kranke und befreite Menschen von destruktiven Mächten und Zwängen. Er verkündigte das anbrechende Reich Gottes, benutzte dazu gerne bildreiche Gleichnisse und verbrachte viel Zeit mit den Menschen am Rande der Gesellschaft. Laut Neuem Testament war der leidenschaftliche Prediger beim normalen Volk sehr beliebt, hatte aber in der jüdischen Oberschicht viele Gegner, die ihn aus Neid und wegen theologischer Meinungsverschiedenheiten ablehnten. Dieser Konflikt spitzte sich zu und mündete schließlich in seiner Kreuzigung in Jerusalem durch die Römer.

Auch das Todesjahr von Jesus ist nur grob zu umreißen. Die Hinrichtung unter Pontius Pilatus als Statthalter Judäas (26–36) geschah nach allen vier Evangelien am Vortag eines Sabbat, also einem Freitag. Viele Historiker halten 30 für das wahrscheinlichste Todesjahr, weil Paulus von Tarsus zwischen den Jahren 32 und 35 Christ wurde. Jesus wurde demnach zwischen 30 und 40 Jahre alt.

An einem dunklen Freitag endet also die Geschichte des Jesus von Nazareth – geschunden, geschlagen, verhöhnt, gekreuzigt. Tot. Um am darauffolgenden Sonntagmorgen als Geschichte von »Jesus Christus« ein neues Kapitel aufzuschlagen (→ Auferstehung). Die Wiege des Christentums: ein leeres Grab. Und gestern noch verstörte Anhänger Jesu verkünden auf einmal mutig, sie seien dem auferstandenen Meister begegnet. Der Skandal der Auferstehung erhitzt seitdem die Gemüter. Als bester Fake der Weltgeschichte verlacht, in unzähligen Liedern staunend besungen, stirnrunzelnd bezweifelt, zweifelnd geglaubt, zu den Akten gelegt und doch immer wieder daraus erstanden. Jesus ist einfach nicht totzukriegen – oder, wie Christen (→ Christen/Christinnen) eben glauben, vom Tod nicht festzuhalten.

*Jakob Friedrichs*

# Josef

Als Grundschulkind habe ich in der Katholischen (→ katholisch) Familienbildungsstätte an einem Töpferkurs teilgenommen. Wir kneteten eine Krippe, die dann auch gebrannt wurde. Noch heute steht sie jedes Jahr in meinem Wohnzimmer. Das Besondere: Bei mir hielt Josef keine Laterne in der Hand, um Maria zu leuchten (vielleicht zum Windelwechseln oder damit Jesus (→ Jesus) im Stroh keine Angst hatte). Mein Josef hielt Arme und Hände so wie Maria geöffnet und verschränkt, sodass man beiden wechselweise den kleinen Jesus in den Arm legen konnte. Emanzipation pur.

Josef ist im Neuen Testament der Bibel (→ Bibel) der Verlobte von Maria. Markus und Johannes bezeichnen Josef schlicht als Vater von Jesus (»Sohn des Zimmermannes«); Matthäus und Lukas betonen seine Rolle als gesetzlicher Vater, er steht zu Maria, die auf wundersame Weise von Gottes Geist geschwängert wurde.

Er stammt demnach aus dem Geschlecht des israelitischen Königs David, weshalb er auch zur Volkszählung in seine Heimatstadt Betlehem muss. Gemein ist, dass Josef – ohne dessen Beistand Maria, die schwangere Unverheiratete, wohl samt Jesus im Bauch gesteinigt worden wäre – nach der Geburt kaum noch eine Rolle spielt. Lukas erwähnt ihn letztmalig, als Jesus zwölfjährig im Tempel von Jerusalem bleibt und die Eltern ihn suchen. Schade. Es wäre spannend gewesen zu erleben, wie Josef auf den weiteren Lebensweg seines Sohnes reagiert. Josef unterm Kreuz? Leidend wie Maria oder vielleicht aggressiv gegenüber den Mördern?

Papst Pius XII. (→ Papst) führte 1955 den 1. Mai als Gedenktag »Josefs, des Arbeiters« ein und betonte damit die soziale Rolle der Kirche, die nicht nur den Gewerkschaften am »Tag der Arbeit« überlassen werden sollte. Und wie immer gibt es auch ganz praktische Bezüge. So gilt die Bauernregel: »Ist's Josef klar, gibt's ein gutes Honigjahr.«

*Marcus C. Leitschuh*

## Jungfrauengeburt

Die Jungfräulichkeit Mariens bei der Geburt Jesu (→ Jesus) gehört seit dem 2. Jahrhundert zum gemeinsamen Glaubensbekenntnis der meisten Konfessionen des Christentums. Die römisch-katholische und die orthodoxe Kirche (→ Kirche) lehren darüber hinaus die »immerwährende Jungfräulichkeit«. Damit ist vor allem die Glaubenshaltung Mariens gemeint, die ganz und gar auf Gott ausgerichtet und grenzenlos auf ihn hin offen sei. »Jungfräulich« leben heißt daher insbesondere, sich nicht an einen anderen Menschen, sondern ausschließlich an Gott

(→ Gott) zu binden und von ihm alles zu erwarten und entgegenzunehmen.

Fest steht, dass die Jungfrauengeburt im Alten Orient und in der griechisch-römischen Antike ein weitverbreitetes Zeichen für die göttliche Abstammung eines Herrschers war und zahlreichen bedeutenden Persönlichkeiten zugeschrieben wurde. Luther (→ Luther), Calvin und Zwingli übernahmen die Lehre von der Jungfrauengeburt ohne ausdrücklichen Widerspruch, allerdings bewerteten sie sie nicht als »glaubensnotwendig«. Darauf könnten sich heute wahrscheinlich auch viele Katholiken verständigen. Vor allen Dingen darf die Jungfrauengeburt nicht dazu führen, dass sie wie der Kern der Geburt Jesu wirkt. Je menschlicher und menschennäher Maria bleibt, umso mehr wird ihre eigentliche Bedeutung und Funktion deutlich: Im Glauben und Vertrauen auf Gott wird Gott durch Jesus wirklich Mensch.

*Marcus C. Leitschuh*

# Kaplan

Der Begriff »Kaplan« stammt von lateinischen »Capellanus« ab und bezeichnet ursprünglich einen einer fränkischen Hofkapelle zugeordneten Angehörigen des Klerikerstandes. Heute versteht man darunter einen römisch-katholischen Priester (→ Pfarrer/Priester) in den ersten Jahren nach seiner Weihe.

Ähnlich wie bei Lehrern nach dem 1. Staatsexamen das Lehramtsreferendariat folgt für angehende Priester nach der Theorie im Priesterseminar und an Universitäten jetzt der Wurf ins kalte Praxiswasser einer Kirchengemeinde (→ Gemeinde). In der Regel ist der Kaplan einem Pfarrer unterstellt und trägt rechtlich keine Alleinverantwortung, ist z. B. nicht automatisch Vorsitzender des Verwaltungsrates einer Kirchengemeinde, wie dies der »ordentliche« Pfarrer ist.

Früher war der Kaplan klassischerweise mit der Jugendarbeit betraut, da er ihr vom Alter am nächsten stand. In Zeiten des Priestermangels haben nur noch große Gemeinden neben dem Pfarrer einen oder mehrere Kapläne. Dafür gibt es Gemeindeverbünde, in denen der Kaplan zwar einem Pfarrer unterstellt ist, aber allein in einer der Gemeinden wohnt und arbeitet.

Durch die zahlenmäßige Reduzierung der Neupriester und damit auch der Kapläne ist auch der Begriff »Adjunkt« verschwunden, der in Gemeinden mit mehreren jungen Priestern den Jüngsten betitelte, gefolgt im (Weihe-)Alter vom Vikar und dem Kaplan. In einigen Bistümern wird auch heute der Kaplan noch Vikar oder Kooperator genannt.

*Marcus C. Leitschuh*

## Karneval

Für das Wort »Karneval« bieten die Etymologen zwei Erklärungen an. Die erste ist fast poetisch schön: »Carrum navalis«. Wenn der Winter vergangen war, feierten die Menschen in allen Kulturen Frühlingsfeste. Es war aber auch der Zeitpunkt, an dem die Schiffe, nach Überwinterung und Ausbesserung, auf prächtig geschmückten Wagen durch die Straßen zu den Ankerplätzen gefahren wurden. Ein solcher Karren hieß »Carrum navalis«. Fröhlich feiernde Menschen säumten den Weg. War der »Carrum-navalis-Zug« also der Vorläufer der Karnevalsumzüge? Bis heute haben die traditionellen Faschingswagen jedenfalls die Form eines Schiffes. Es ist eine Theorie voll Charme und Poesie.

Wahrscheinlicher ist aber, dass sich »Karneval« von dem lateinischen »Carne vale« ableitet. Das bedeutet: »Fleisch ade«. Der andere Name für Karneval, nämlich Fastnacht (oder Fasching oder Fasenet) macht auch deutlich, dass dieses Fest untrennbar mit der katholischen (→ katholisch)

Fastenzeit (→ Fasten) verbunden ist. In Köln geht deshalb der Satz um: »Dat der Karneval katholisch ist, sieht man doch schon da dran, dat alle Karnevalshochburgen katholisch sind: Köln, Aachen, Mainz, Brühl, Brasilien. Sogar in der Dritten Welt jibt et Karneval: in Düsseldorf!«

»Nun gut«, mault der Kritiker, »historisch, kalendarisch mag der Zusammenhang stimmen, aber niemals inhaltlich! Karneval ist doch ein Rausch. Eine Zelebration der Sinnlichkeit. Mit der katholischen Religion ist das nicht vereinbar." Ist es doch! Katholisch ist vielmehr, was Gilbert Keith Chesterton sagte: »Katholische Lehre und Disziplin mögen Mauern sein. Aber sie sind Mauern um einen Spielplatz. Das Christentum ist der einzige Rahmen, in dem sich die Freuden des Heidentums erhalten haben.« Ein rauschhaftes Fest ist, trotz aller Gefährdung, immer dann katholisch, wenn es die Schönheit, Sehnsucht und Sinnlichkeit feiert und gleichzeitig das Zerstörerische ausgrenzt.

Deshalb sagen wir in Köln: »Das einzig Schöne an einem Seitensprung ist der Anlauf. Also anlaufen darfs'e, äwwer spring nit. Dat es Dress!« (Der geneigte Leser möge sich einen rheinischen Übersetzer suchen.) So ist auch die Fastenzeit nichts anderes, als eine kluge, zeitliche Eingrenzung der sinnlichen Freuden, und nicht etwa als leibfeindliche Kasteiung zu verstehen. Sie wird auch genährt von der Erkenntnis, dass nach einer Zeit der Askese der Osterbraten doppelt so gut schmeckt. Wenn der Mensch lacht, hat er eine Ahnung vom Paradies. Wenn er lacht, wird er leicht wie ein Engel.

*Willibert Pauels (»Ne bergische Jung«)*

# Katholikentag

In Deutschland gab es den ersten Katholikentag 1848. Heute ist er eine vom »Zentralkomitee der deutschen Katholiken« (ZdK) (→ Zentralkomitee der deutschen Katholiken) organisierte Großveranstaltung. Im Schnitt kommen dabei 60 000 Menschen zusammen – deutlich weniger als bei den Evangelischen Kirchentagen (→ Kirchentag), weil es auf katholischer Seite durch die Vielzahl der Verbände immer noch zahlreiche ähnlich geartete Großveranstaltungen gibt, die ebenfalls Katholikentagscharakter haben. Zurzeit findet der Katholikentag alle zwei Jahre statt, jeweils von Mittwoch bis Sonntag über Fronleichnam (→ Fronleichnam) oder Himmelfahrt (→ Christi Himmelfahrt). Zahlreiche religiöse, kulturelle, wissenschaftliche, gesellschaftspolitische und spirituelle Veranstaltungen prägen dabei das Programm. Vom Männerzentrum bis zum meditativen Tanz, vom Rockkonzert bis zum Mitternachtsgottesdienst bei Kerzenschein mit Einzelsegnung. Den Rahmen bilden die Eröffnungskundgebung und ein großer Abschlussgottesdienst am Sonntagvormittag.

Ökumene steht auf dem Katholikentag ebenso im Mittelpunkt von Vorträgen und Diskussionsrunden in Messehallen und Schulen wie der christlich-jüdische und christlich-islamische Dialog. Große gesellschaftspolitische Fragen werden mit hochrangigen Politikern debattiert, die sich die Klinke in die Hand geben. Auf der »Kirchenmeile« wird zudem die ganze Buntheit des Katholischen erlebbar: Verbände, Einrichtungen, Medien, Ordensgemeinschaften,

Bistümer, Hilfswerke sind dort mit Ständen vertreten, Legio Mariae ebenso wie die Arbeitsgruppe »Homosexuelle und Kirche«. Fromme Marienverehrer, kritische Christen und engagierte Eine-Welt-Gruppen unter einem Dach.

Von gelb-weißem, also papstfarbenem Softeis bis zum Bier einer tatsächlich existierenden katholischen Brauerei – an Sinnesfreuden fehlt es dem geneigten Katholiken (→ katholisch) natürlich auch nicht. Sinn und Sinnlichkeit. So könnte eigentlich das Generalthema der Katholikentage lauten. Sinn macht, dass es sie gibt, auch dann weiterhin, wenn nach 2003 und 2010 weitere Ökumenische Kirchentage das Gemeinsame der Konfessionen betonen und sinnlich erfahrbar machen.

*Marcus C. Leitschuh*

# Katholisch

»Katholisch sein« – das ist wie der Euro im Spanienurlaub: Wir dürfen uns als unverwechselbarer Teil der weltweiten Christenheit fühlen. Im nicäno-konstantinopolitanischen und im Apostolischen Glaubensbekenntnis (katholische Version) betont das Wort »katholisch« die Gesamtheit aller Christen (→ Christen/Christinnen). Neben diesem allgemeinen, katholischen Christlichen gibt es dann eben auch noch die konfessionellen Sonderwährungen.

Katholisch im Sinne von »weltumspannend« sind alle Christen. Römisch-katholisch ist dabei nur ein konfessioneller Teil. Allerdings: Wenn landläufig von DER katholischen Kirche gesprochen wird, sind in der Regel die römisch-katholische Kirche (→ Kirche) und die mit Rom (→ Rom) unierten Kirchen des östlichen Ritus gemeint.

Katholisch sein ist also eigentlich super-ökumenisch, doch das Wort »katholisch« macht auch das Trennende beim Gottesdienstbesuch (→ Gottesdienst) der anderen Konfession schmerzlich deutlich. Sprechen die Katholiken im Glaubensbekenntnis von der »katholischen Kirche«, heißt es evangelischerseits dort einfach »christlichen Kirche«, um Verwechslungen zu vermeiden. Ich bin gerne römisch-katholisch. Aber vor allen Dingen bin ich gerne katholisch.

*Marcus C. Leitschuh*

## Kirche

Jetzt wird es heikel. Kirche, das sind wir alle. Kirche, das ist ein Gebäude, das bezeichnet eine Gemeinde und auch die evangelische (→ evangelisch) und katholische (→ katholisch) Kirche. Und doch gibt es ein Kirchenverständnis der katholischen Kirche, dem sich evangelische Christen wohl ungern zuordnen würden. Die katholische Kirche hat nämlich über Jahrhunderte hinweg gelehrt: Die eine Kirche Jesu (→ Jesus) Christi (→ Christus) ist einzig und allein die katholische Kirche (= absolute Gleichsetzung).

Erst auf dem Zweiten Vatikanischen Konzil (→ Zweites Vatikanisches Konzil) erfolgte eine Neubesinnung im Selbstverständnis mit dem Ergebnis, dass fortan gilt: Die katholische Kirche ist eine besondere Verwirklichung der einen Kirche Jesu Christi (= relative Gleichsetzung). Mit diesem Wandel von der absoluten zur relativen Gleichsetzung der einen Kirche Jesu Christi mit der katholischen Kirche wird von der katholischen Kirche erstmals anerkannt, dass es auch außerhalb ihrer selbst kirchenbildende Elemente gibt.

Des Weiteren wurde auch das einseitige Bild von der Kirche als einer nur hierarchisch (→ Hierarchie) strukturierten Gesellschaft durch die Vorstellung der »Communio«, der Gemeinschaft, ergänzt. Gemeinschaft ist dabei in einem dreifachen Sinn zu verstehen, nämlich sowohl als Gemeinschaft aller Gläubigen (»communio fidelium«) (→ Glauben) wie auch als hierarchische Gemeinschaft (»communio hierarchica«) und als Gemeinschaft in und aus den Teil- bzw. Ortskirchen (»communio ecclesiarum«).

Durch diese neuen Akzente wurden plötzlich Differenzierungen möglich, die vorher undenkbar waren und die in ökumenischer Hinsicht bedeutsam sind: Das neue Selbstverständnis der katholischen Kirche als die besondere Verwirklichung der einen Kirche Jesu Christi führte zu einer deutlichen Aufwertung der anderen Christen (→ Christen/Christinnen). Galten alle Christen, die nichtkatholisch waren, ehemals als Abtrünnige, Häretiker und Schismatiker, sind sie jetzt die »Brüder [und Schwestern], die nicht in der vollen Gemeinschaft mit der katholischen Kirche stehen«, wie es im Gesetzbuch (→ CIC) der katholischen Kirche formuliert ist.

Dementsprechend ist die volle Gemeinschaft und damit der Status der katholischen Kirche dann vorhanden, wenn die drei Bande des gemeinsamen Glaubensbekenntnisses, der gemeinsamen Sakramente und der gemeinsamen Leitung durch den Papst (→ Papst) verwirklicht sind; bei der nicht vollen Gemeinschaft gibt es dagegen zwei Grade: Ist nur der Christusglaube und die Taufe (→ Taufe) mit der katholischen Kirche gemeinsam, dann wird dieser Gemeinschaft von Christen der Status einer »kirchlichen Gemeinschaft« zuerkannt; ist darüber hinaus auch die Gemeinschaft in den Sakramenten, insbesondere der Priesterweihe und der Eucharistie, gegeben, dann wird von einer getrennten bzw. nichtkatholischen Kirche gesprochen. Nach dieser Kriteriologie gelten die unierten Ostkirchen als katholische Kirchen, die orthodoxen Kirchen als getrennte Kirchen und die Kirchen der Reformation als kirchliche Gemeinschaften.

Damit ist zugleich die Vorstellung überwunden, dass die kirchliche Einheit nur durch die Rückkehr aller Christen in die katholische Kirche erreicht werden kann. Insofern ist das Ziel aller ökumenischen Bemühungen weniger die Wiedervereinigung als vielmehr die Weitervereinigung. Martin Luther (→ Luther) wären diese Definitionen natürlich alle viel zu katholisch und zu selbstherrlich gewesen. Er unterschied lieber zwischen der »Unsichtbaren Kirche«, zu der er alle wahren Christen zählte, und der »Sichtbaren Kirche«, der Institution, in der sich die Getauften versammeln und in der das Evangelium (→ Evangelium) »recht« gelehrt wird.

*Sabine Demel*

# Kirchenaustritt

Auf dem Hintergrund der unverlierbaren Eingliederung in die Kirche (→ Kirche) durch die Taufe (→ Taufe) ist es notwendig, den umgangssprachlichen Ausdruck »Kirchenaustritt« näher zu erklären. Dabei ist als Erstes klarzustellen, dass es theologisch und damit kirchenrechtlich (→ CIC) keinen »Kirchenaustritt« geben kann. Denn die einmal erworbene Mitgliedschaft in der katholischen Kirche ist wegen der Taufe unverlierbar.

In einem zweiten Schritt ist auf die rechtlich exakte Umschreibung des »Kirchenaustritts« zu achten. Denn sie gibt Aufschluss über seinen Inhalt; korrekt gesprochen handelt es sich nämlich bei dem sogenannten Kirchenaustritt um die vom staatlichen Recht eingeräumte Möglichkeit, mit bürgerlicher Wirkung aus der Kirche auszutreten. Eine der wichtigsten Wirkungen des staatlich erklärten Kirchenaustritts ist die Freistellung des Ausgetretenen von der Kirchensteuer. Und genau das, nämlich das Recht des Einzelnen, sich der Kirchensteuerpflicht entziehen zu können, ist der Grund für die Einrichtung des vor dem Staat erklärten Kirchenaustritts. Die vom weltlichen Recht gewährte Möglichkeit des Kirchenaustritts ist somit die Kehrseite der Anerkennung der Kirchen als Körperschaften des öffentlichen Rechts und damit als steuerberechtigte Verbände.

Wie bei jeder Körperschaft, so muss auch bei der Kirche die Mitgliedschaft auf Freiwilligkeit beruhen, das heißt, es muss jedem Mitglied garantiert sein, bei Vorliegen bestimmter Voraussetzungen der Körperschaft »Kirche« bei-

und auch wieder austreten zu können. Somit gehört es also zu den Aufgaben des Staates, die Freiwilligkeit der Mitgliedschaft in jeder Körperschaft öffentlichen Rechts sicherzustellen, als Garant der Glaubens- und Gewissensfreiheit (vgl. Art. 4 Abs.1 GG).

Wenn es einerseits theologisch und kirchenrechtlich keinen Kirchenaustritt gibt, andererseits aber ein (staatlich erklärter) Kirchenaustritt möglich ist, stellt sich die Frage, welche innerkirchlichen Rechtsfolgen ein (staatlich erklärter) Kirchenaustritt nach sich zieht. In der katholischen (→ katholisch) Kirche wird deshalb schon seit langem darüber diskutiert, ob der (staatlich erklärte) Kirchenaustritt eine Form des »Abfalls von der Kirche im Formalakt« darstellt oder nicht und demzufolge die festgelegte Tatstrafe der Exkommunikation (→ Exkommunikation) nach sich zieht oder nicht.

*Sabine Demel*

## Kirchentag

Zunächst: Man unterscheidet zwischen Kirchentagen und Katholikentagen (→ Katholikentag), also gewisserma-ßen zwischen Kirchen (→ evangelisch) und Katholiken (→ katholisch). Es handelt sich dabei um Großveranstaltungen der jeweiligen Konfessionen, keineswegs um Zeiteinheiten.

Der Kirchentag zum Beispiel ist nicht der letzte der Woche, der zum Ausruhen. Im Gegenteil. Der Kirchentag ist evangelisch – das heißt, er macht keinen Spaß. Er besteht aus Hektik, Trubel, Raserei. Überwiegend junge

Menschen fahren zu Tausenden durch die Republik, um sich gemeinsam an einem vorher bestimmten Ort zu treffen, um dort aber wiederum nur wild durcheinanderzurennen. Evangelische Christen bleiben bis in die späten Nachtstunden nüchtern, oft sogar darüber hinaus. Eine der beliebtesten Grabinschriften unter Protestanten lautet bekanntlich: »Ich war nicht zum Vergnügen hier.«

Bei Katholikentagen geht es ruhiger zu, es wird mehr gesungen und angebetet. Die Gruppen sind kleiner und aufgrund des höheren Alters der Teilnehmer weniger mobil. Zudem mangelt es aufgrund des gegengeschlechtlichen Kopulationsverbotes (→ Zölibat) an Nachwuchs. Der Katholik gilt dennoch allgemein als sinnlicher, darf morgens zur Bibelarbeit schon mal ein gutes Glas Rotwein trinken und sich danach noch mal hinlegen.

Gemeinsam ist beiden Tagen der teils museale, teils zoologische Charakter des Programms. So findet man dort Veranstaltungen wie »Referat von der Sinnhaftigkeit der Zeit im Alltag«. »Sinnhaftigkeit«? Nicht nur Computerprogramme markieren derartige Worte als Fehler. Es handelt sich offenbar um das Geschwafel von Leuten, die man woanders mit Grund nicht reden lässt. Auch teils hoch skurrile Gruppen treffen sich bei diesen Gelegenheiten, zum Beispiel »Die christliche Bäcker- und Konditorenvereinigung«. Kirchen- und Katholikentage dienen dazu, solche in ihren obskuren Organisationen vereinsamten Gotteskrieger wieder im Schoß der Kirche (→ Kirche) zusammenzuführen. So auch die »Christlichen Eisenbahner«. Hierbei handelt es sich offensichtlich um Zeitreisende: Menschen zwischen Kirche (Unternehmen Vergangenheit) und Bahn (Unternehmen Zukunft). Leute von gestern im Zug von morgen.

Apropos Vergangenheit, beide Treffen werden mittlerweile gelegentlich auch gemeinsam durchgeführt. Aus Not: weil sich bei beiden Kirchen das Verhältnis von Quadratmetern an Immobilienbesitz zur Mitgliederzahl entgegengesetzt proportional entwickelt. Früher war jeder Tag für sich ein Riesenevent und wurde in Metropolen wie Berlin oder Hamburg durchgeführt. Heute trifft man sich in Osnabrück oder Bremen. Und gemeinsam. Nur so kann man vermeiden, dass man sogar nach ganz unten muss, nach Itzehoe oder Wetzlar. Diese Verzweiflung nennt man Ökumene.
*Lutz von Rosenberg Lipinsky*

## Kirmes

Der Name »Kirmes« deutet auf die »Kirchmess« (→ Messe) hin, den Markt nach dem Gottesdienst, bei dem die Bauern die neue Ernte rund um die Kirche (→ Kirche) verkauften und das erfolgreiche Landwirtschaftsjahr gleich kräftig dankbar befeierten. Gefeiert wurde die Kirchweih ursprünglich anlässlich des Weihetages der Kirche. Schnell entwickelte sich das religiöse Fest aber zu einem Sammelort – denn die umliegenden Händler wussten ja, dass dann viele Menschen zusammenkommen, und die Zunahme von Handel machte es auch für weiter entfernt lebende Menschen attraktiv, dem Treiben rund um die Kirche beizuwohnen.

Der religiöse Hintergrund ist heute angesichts großer

Vergnügungsmeilen und Attraktionen kaum noch bekannt. Ob das Riesenrad und die Achterbahn, das Bierzelt und der Festumzug im Zusammenhang mit einer Kirchweihe vor 149 Jahren stehen oder einfach nur da sind, weil Herbst ist und die Zeit bis zum Karneval überbrückt werden muss, ist sekundär geworden. Das auch, obwohl die jeweiligen Dialekte durchaus noch den Ursprung erkennen lassen: »Kerb« (Hessen), »Kirtag« (Österreich) oder »Kirwe« (im Vogtland).

Das Feiern gehört einfach zum Christentum. Wir sind eine Religion, an deren Anfang himmlische Engelschöre über der Krippe und Geschenke der Weisen standen, und keine Religion, bei der die Kreuzigung am Ende steht. Nein, es dominiert die Osterfreude. Wo eine Kirche ist, ist auch Kirmes. Das ist auch eine Mahnung, dass Christen (→ Christen/Christinnen) keine Trübsalbläser werden sollen oder permanente Nörgler und Finger-in-die-Wunde-Leger der Gesellschaft. Bei einem Glas Wein kommt man manchem Problem auch auf die Spur und ist auf jeden Fall den Menschen und damit himmlischen Wesen nah.

*Marcus C. Leitschuh*

# Kloster

Die ersten Klöster entstanden im Orden der Benediktiner. Sie verstehen ihr Zusammenleben bis heute als Abbild der Gemeinschaft der Heiligen (→ Heilige) im Himmel. Ihre Kirchen (→ Kirche) und Gesänge, ja selbst ihre Privaträume sollten ihr Herz immer zu Gott (→ Gott) erheben.

Von ihm nahmen sie ja an, er habe sie zusammengeführt. Sie sahen ihn als den eigentlichen Lenker ihrer Gemeinschaft.

Darum bauten die Ordensgemeinschaften große Klöster mit gewaltigen Kirchenräumen. Da muss man einfach richtig ehrfurchtsvoll nach oben blicken. Jesus (→ Jesus) wird darin meist als Herr und Richter der Geschichte gezeigt. Die Kreuzgänge sind ausladende Gehflächen, die auf ein Kreuz hinlaufen oder um ein Kreuz herumführen. Wer in ein solches Kloster eintritt, um Mönch zu werden oder Nonne, verspricht am Ende, immer an diesem Ort bleiben zu wollen.

Die Idee, eine Art perfekte Kleinstadt innerhalb der Klostermauern zu bilden, verbreitete sich rasch. Die großen Klöster im europäischen Raum bildeten Inseln der Ordnung und der Ruhe in politisch sehr unruhigen Zeiten. Mancherorts ließen sich die Umherziehenden im Schatten eines Klosters nieder. Kaufleute nutzten die Verlässlichkeit der Klöster, um bei den Mönchen ein Zwischenlager für ihre Waren einzurichten. So wurden Klöster zu Handelszentren und im 8. Jahrhundert die Keimzelle für Städte wie München, Fulda oder Münster.

Bis heute werden Klöster gesucht, um zur Ruhe zu kommen – von Menschen, die auf ihre Weise gehetzt werden durch ihren Terminkalender und sich im Rhythmus einer klösterlichen Ordnung wieder selber finden wollen. Und dabei hoffentlich Gott nicht verpassen.

*Bruder Paulus Terwitte*

# Konfirmation

Richtig ist, dass sich der Begriff »Konfirmation« vom lateinischen Wort »confirmatio« ableitet und mit »Befestigung« übersetzt werden kann. Falsch ist hingegen die Vorstellung, dass der Pfarrer (→ Pfarrer/Priester) deshalb die Konfirmanden vor dem Unterricht an ihren Stühlen festbindet. Das hat allein praktische Gründe, sich als aufmerksamkeitsfördernde Maßnahme jedoch nicht wirklich durchsetzen können, da die merkwürdige anatomische Abnormalität der »Konfirmandenblase« hierbei nicht genug berücksichtigt wurde.

Richtig ist überdies, dass »confirmatio« außerdem »Bekräftigung« bedeutet, was deutlich macht, dass bei der Konfirmation ein bewusstes Ja zum christlichen Glauben (→ Glaube) und zur eigenen Kirchenzugehörigkeit gesprochen wird. Deshalb wird die Konfirmation in den meisten evangelischen (→ evangelisch) Kirchen (→ Kirche) mit einer feierlichen Segenshandlung in einem besonderen Konfirmationsgottesdienst (→ Gottesdienst) begangen.

Gleichfalls von »confirmatio« leitet sich das Sakrament (→ Sakrament) der Firmung in anderen christlichen Kirchen ab; zu ihnen gehören vor allem die römisch-katholische, die anglikanische und die alt-katholische Kirche sowie die orthodoxen Kirchen. Die begriffliche Unterscheidung zwischen Firmung und Konfirmation, wie sie im Deutschen existiert, kommt in den meisten anderen Sprachen gar nicht vor.

Die evangelische Konfirmation geht auf den Straßburger Reformator (→ Reformation) Martin Bucer zurück und wurde zum ersten Mal 1539 in der hessischen Ziegenhainer Kirchenzuchtordnung formuliert. Martin Luther (→ Luther) selbst hatte die Firmung noch abgelehnt. Seiner Meinung nach bedurfte die Taufe (→ Taufe) keiner nachfolgenden Ergänzung. Anstöße zur Entwicklung der evangelischen Konfirmation kamen dann schließlich durch die reformatorische Täuferbewegung, die in der Taufe das persönliche Bekenntnis zum Glauben sah und die Kindertaufe daher als unbiblisch (→ Bibel) ablehnte. Martin Bucer entwickelte als Kompromiss die Konfirmation, die die Kindertaufe beibehält und schließlich in einer persönlichen Taufbestätigung durch den Konfirmanden mündet.

In den deutschen Landeskirchen findet die Konfirmation üblicherweise im Alter von 14 Jahren statt, da Jugendliche hier das Alter der Religionsmündigkeit erreichen und selbst über die Zugehörigkeit zu einer Religionsgemeinschaft entscheiden können. Kirchenrechtlich bedeutet die Konfirmation den Übertritt zum mündigen Kirchenmitglied, wobei die konkreten Rechte in den verschiedenen Kirchen variieren. In einigen, insbesondere der lutherischen Tradition, dürfen nur Konfirmierte am Abendmahl teilnehmen. In Kirchen, die eine offene Kommunion oder das Kinderabendmahl praktizieren, hat dieser Punkt jedoch keine Bedeutung mehr. In vielen Kirchen haben Konfirmierte ungeachtet ihres Alters das Recht, Taufpaten zu sein. Zudem besitzen sie das Recht, in Notfällen Ungetaufte zu taufen. Und in einigen Landeskirchen besitzt man mit der Konfirmation das aktive Wahlrecht für das Presbyterium (→ Presbyterium), den Kirchenvorstand.

Die oft vernommene Kritik, ein Großteil der Konfirmanden ließe sich vor allem aus familiären und finanziellen Gründen konfirmieren, ist keine neue. Schon Johann Hinrich Wichern (1808–1881), der Initiator der Inneren Mission in der Evangelischen Kirche, kritisierte die herrschende Praxis der Konfirmation und sprach von einer »religiösen Verwahrlosung der meisten Elternhäuser«, der Unaufrichtigkeit der Gelübde und von einem Desinteresse am Eintritt in die Abendmahlsgemeinschaft der christlichen Gemeinde (→ Gemeinde). Auch heute kritisieren viele Stimmen die formelle Einsegnung bei der Konfirmationsfeier als eine de facto »Aussegnung«: Für viele Konfirmanden sei die Feier der letzte Kontakt mit ihrer Kirchengemeinde. Mit vollen Taschen gingen die Konfirmanden aus dem Festgottesdienst und kämen erst im Sarg wieder zurück.

Vielleicht ließe sich dem ja entgegenwirken, würde man die erste Bedeutung von »confirmatio« besonders auf die Zeit nach der Konfirmation hin auslegen. Ein paar Tröpfchen Sekundenkleber auf dem Konfirmandensitz im Festgottesdienst – und die Sache wäre, nun ja, ausgesessen!

*Jakob Friedrichs*

# Konklave

Altmodisch ist die katholische (→ katholisch) Kirche (→ Kirche) schon. Selten ist es allerdings spannender und für das Medienzeitalter zeitgemäßer als im Konklave, also bei der Papstwahl (→ Papst). Da werden die wahlberechtigten Kardinäle aus aller Welt so lange in der Sixtinischen Kapelle in Rom (→ Rom) eingeschlossen, bis sie in mehreren Wahlgängen einen Papst gewählt haben. Altertümlich und in Zeiten von »Big Brother« gleichzeitig ziemlich modisch. Heute ist das frühere Einmauern in die Kapelle eher symbolisch, es bedeutet: Telefon, Fernsehen, Radio, Post oder Zeitungen sind nicht erlaubt.

Das Wort »Konklave« kommt aus dem Lateinischen (»con claudere« = gemeinsam einschließen). In der Tat, die äußerst demokratische Papstwahl findet unter totalem Ausschluss der Öffentlichkeit seit 1274 so statt. Theoretisch kann jeder Katholik, der männlich und unverheiratet ist, zum Papst gewählt werden – vorausgesetzt, er ist bereit, sofort die Diakonen-, Priester- und Bischofsweihe zu empfangen. Für eine gültige Wahl ist eine Zweidrittelmehrheit nötig. Die zwei mal zwei Zentimeter großen Wahlzettel eines ergebnislosen Wahlgangs werden jeweils (mit nassem Stroh mit Öl oder Pech) verbrannt, sodass der Rauch schwarz über den Petersplatz weht. Nach erfolgreicher Wahl wird trockenes Stroh mit verbrannt. Der sprichwörtliche »weiße Rauch« steigt auf. Ein Signal, das noch vor einer Presseerklärung per Mail, Fax oder SMS an die Öffentlichkeit gelangt. Wunderbar altmodisch.

Mit der Formel »Annuntio vobis gaudium magnum, habemus Papam!« (»Ich verkünde euch eine große Freude, wir haben einen Papst!«) wird der Gewählte anschließend durch den Kardinalprotodiakon öffentlich auf der Loggia über dem Eingang zum Petersdom bekanntgegeben. Bei diesem Satz fuhr ich zuletzt von einem schwedischen Möbelhaus nach Hause. Unvergesslich. In seinem Leben hört man den Satz ja nicht allzu oft.
*Marcus C. Leitschuh*

# Kräutergarten

Die Geheimnisse des Klostergartens faszinieren überökumenisch. In nahezu allen Religionen hat sich nämlich Wissen angesammelt, wie man mit Pflanzen heilen kann. Bei den Christen (→ Christen/Christinnen) waren es vor allem die Klöster, die in dicken Büchern die Erkenntnisse über die Heilkraft der Kräuter und anderer Pflanzen sammelten. Allerdings: Heute kommen fast mehr Nichtchristen als Christen in solche Kräutergärten der Klöster oder greifen zu Büchern, die beschreiben, was zum Beispiel die heilige Hildegard von Bingen im 12. Jahrhundert herausgefunden hat.

Die heutigen Nonnen und Mönche haben die Vermarktungsmöglichkeiten dieses alten Wissens für sich entdeckt. In Klosterläden kann man dazu allerlei einkaufen. Was aber will ein Kräutergarten in einem Kloster? Das ist so einfach wie einleuchtend: Zum einen waren die Klöster Selbstversorgungszentren. Da brauchte es einfach eine

Vielfalt von Gewürzen und Heilpflanzen. Und weil die Klöster über Jahrhunderte an einem Ort in Betrieb waren, konnte sich dort eine mündliche und auch schriftliche Tradition im Umgang mit diesen Kräutern bilden. Die Mönche sahen in ihnen Boten der göttlichen Heilungskraft. Sie weisen darauf hin, dass Gott (→ Gott) dem Menschen in der Schöpfung Heilmittel an die Hand gibt, um so seine Menschenkinder nicht allein zu lassen, wenn sie einmal erkranken.

*Bruder Paulus Terwitte*

## Kreuzgang

Im Kloster dreht sich fast alles um Gott (→ Gott). Zumindest gibt es Klöster nur, weil es Gott gibt. Da sich die Mönche und Nonnen meist von der übrigen Welt abgewandt hatten, schufen sie sich einen speziellen Auslauf im Haus: den Kreuzgang.

Er ist ein überdachter Rundgang im Innenhof eines Klosters, in dessen Mitte ein Kreuz (→ Kreuzigung) aufgestellt ist. Die Betenden umrunden gemessenen Schrittes das Wichtigste beziehungsweise den Wichtigsten ihres Lebens. Sie fühlen sich dabei wie Satelliten, die von diesem Kreuz angezogen werden und von ihm seine Kraft erhalten. Solche Gänge in den Innenhöfen wurden auch gern ausgeweitet in den Klostergarten (→ Kräutergarten). Bei besserem Wetter gibt es dann dort ein kompliziertes Wegesystem, das aber seinerseits auch um ein riesiges Kreuz herum angelegt ist oder auf ein solches Kreuz zuläuft.

Auf dem Weg schweigen die Mönche und Nonnen und sprechen sich auch nicht an, wenn sie sich darauf einmal begegnen – außer natürlich in den Freizeiten, in denen ein Kreuzgang eine gute Kulisse abgibt für allerlei, was man sich auch im Kloster mal von der Seele reden muss.
*Bruder Paulus Terwitte*

## Kreuzigung

Die Botschaft Jesu (→ Jesus) von der Gnade und Liebe Gottes (→ Gott) war sowohl den weltlichen als auch den geistlichen Obrigkeiten in Palästina ein Dorn im Auge: Dieser freche Wanderprediger heilte in aller Öffentlichkeit Menschen, schwärmte hinreißend von der Freiheit des Glaubens und behauptete, dass man das mit den Geboten (→ Gebote) nicht zu eng sehen solle, weil man Heil nicht durch Einhalten von Regeln, sondern nur durch liebevolles Miteinander und die Hinwendung zu Gott erlangen könne.

Irgendwann wurde das den Machthabern zu bunt. Sie verhafteten Jesus, machten ihm noch schnell vor dem jüdischen Passahfest den Prozess (als vermeintlichem Gotteslästerer) und schlugen ihn mit zwei Verbrechern auf dem Jerusalemer Berg Golgatha an ein Kreuz. Das galt damals als übelste Art der Hinrichtung, weil der Verurteilte nicht durch die Nagelwunden, sondern durch langsames Ersticken umkam.

Entscheidend bei dieser Kreuzigung ist, dass Jesus sein Sterben vorher mehrfach angekündigt hatte. Und nicht nur das: Er hatte darauf hingewiesen, dass dieser Tod notwendig sei, um das Verhältnis zwischen Gott und den Menschen zu klären. Die Menschen hätten Gott (trotz dessen unermüdlichen Werbens um sie) immer wieder im Stich gelassen und gezeigt, dass sie von sich aus zu schwach seien, treu zu bleiben. Diese Unfähigkeit zu einer gesunden Gottesbeziehung nennt die Bibel Sünde (→ Sünde). Weil der Mensch diese Sünde aber offenbar nicht selbst beseitigen kann, nimmt Jesus sie quasi in Vertretung auf sich – er wird geopfert und stirbt am Kreuz den Tod, den die Menschen verdient hätten. Somit steht nichts mehr zwischen Gott und seinen Lieblingswesen.

Die Theologie des 20. Jahrhunderts tat sich mit dem »Opfergedanken« allerdings ziemlich schwer. Der passt nämlich nicht zu einem liebevollen Gott. Und die Frage, ob Gott wirklich seinen Sohn einem grauenvollen Tod preisgeben musste, um versöhnt zu werden, lässt sich nicht so einfach beantworten. Wichtig ist deshalb sicher die Erkenntnis, dass die Idee eines »stellvertretenden Opfers« der jüdischen Kultur um die Zeitenwende ganz vertraut war. Fremd erscheint sie erst dem aufgeklärten Europäer der Neuzeit. Trotzdem bleibt ein ungutes Gefühl. Vielleicht weisen lebensfrohe Christen (→ Christen/Christinnen) deshalb so gerne darauf hin, dass man die Kreuzigung immer im Zusammenhang mit der Auferstehung sehen muss. Jesus stirbt zwar – doch Gott überwindet den Tod und zeigt damit, dass er größer ist als unsere Vorstellungen und Anschauungen vom Sterben. Viel größer.

*Fabian Vogt*

# Küster

Ohne sie läuft wortwörtlich nichts und sie gehören einfach dazu, evangelisch (→ evangelisch) wie katholisch (→ katholisch): der Küster oder die Küsterin. Egal ob hauptamtlich oder im Ehrenamt, sie sind die gute Seele einer Kirchengemeinde (→ Gemeinde), Hausmeister, Aufpasser, Fremdenführer und Gärtner in einer Person.

Das Wort »Küster« kommt aus der lateinischen Sprache und heißt da so viel wie »Wächter«! In manchen Teilen Deutschlands wird ein Mensch mit dieser Aufgabe auch »Kirchner«, »Mesner« oder »Mesmer« genannt. Die Aufgaben des Küsters bestehen vor allem in der Vorbereitung, Mitwirkung und Nachbereitung von Gottesdiensten. Da er aus der Sakristei heraus arbeitet, wird er bisweilen auch als »Sakristan« bezeichnet.

Der Küster holt die passenden Gewänder für den Priester und die Messdiener aus dem Schrank, füllt Wein (→ Wein) und Wasser in die Kännchen, legt die liturgischen Bücher bereit, zählt vielleicht auch das Geld der Kollekte. Im 18. Jahrhundert waren Küster und Organisten in vielen Teilen Deutschlands auch gleichzeitig die Dorflehrer.

*Marcus C. Leitschuh*

## Laetare

»Laetare« ist ein Fest der Freude in der Mitte der Fastenzeit (→ Fasten). Der vierte Sonntag nach Aschermittwoch heißt lateinisch »Laetare", übersetzt nach »Freuet euch« aus dem biblischen Buch Jesaja. Freuen soll sich konkret die Stadt Jerusalem. Und genau auf Jesu (→ Jesus) triumphalen Einzug in diese Stadt stimmt der Sonntag ein. Der Palmsonntag ist dann nicht mehr weit, so die Botschaft. Danach geht das Fasten weiter.

Das Violett als Dekorationsfarbe der Fastenzeit kann an diesem Tag zu Rosa aufgehellt werden. Gerade so, als ob das österliche Weiß schon durchstrahlt. In der katholischen (→ katholisch) Tradition heißt der Tag auch »Rosensonntag«, denn vom 11. – 19. Jahrhundert segnete der Papst (→ Papst) dann eine goldene Rose, die für Verdienste um die Kirche (→ Kirche) verliehen wurde. Freuen wie am Rosenmontag, mitten in der Fastenzeit.

*Marcus C. Leitschuh*

## Laien

Der Begriff »Laie« hat in der katholischen (→ katholisch) Kirche (→ Kirche) eine ganz eigenartige Bedeutung. Er bezeichnet nämlich nicht, wie in der Alltagssprache üblich, den »Nichtfachmann« oder die »Nichtfachfrau«, sondern umschreibt eine Abgrenzung: Laien sind Gläubige (→ Glauben), die nicht geweiht sind, »Kirchenglieder ohne Weihe« und damit die Nicht-Kleriker.

Dementsprechend heißt es im Gesetzbuch der katholischen Kirche (→ CIC) von 1983: »Kraft göttlicher Weisung gibt es in der Kirche unter den Gläubigen geistliche Amtsträger, die im Recht auch Kleriker genannt werden; die übrigen dagegen heißen Laien.« Über das Verhältnis der Laien zu den Klerikern ist festgelegt, dass die Kleriker nicht über den anderen Gläubigen und diesen gegenüber stehen, sondern aus der Gemeinschaft aller Gläubigen hervorgehen. Dabei wird deutlich, dass die Unterscheidung zwischen Klerikern und Laien die fundamentale Gleichheit aller Glieder nicht aufhebt. Dementsprechend wird im Gesetzbuch der katholischen Kirche gleichfalls betont: »Unter allen Gläubigen besteht, und zwar aufgrund ihrer Wiedergeburt in Christus, eine wahre Gleichheit in ihrer Würde und Tätigkeit.«

Im Widerspruch dazu steht aber die vorhergehende Formulierung, in der die Laien gleichsam abwertend als die »übrigen (Gläubigen)« bezeichnet werden. Dadurch wird der Eindruck erweckt, als wäre die Existenz der Kleriker vorrangiger als die der Laien, obwohl doch theologisch gilt, dass kraft der Taufe (→ Taufe) eine fundamentale Gleichheit besteht. Wegen seines rein negativ-abgrenzenden Inhalts wird der Laienbegriff auch immer wieder infrage gestellt

*Sabine Demel*

# Liebe

Leider ist sie nicht immer sichtbar: die Liebe. Sie ist das Zentrum des christlichen Glaubens (→ Glauben), der Dreh- und Angelpunkt allen menschlichen und göttlichen Handelns, Denkens und Empfindens.

Jesus (→ Jesus) selbst hat das jüdische Gesetz im sogenannten Doppelgebot der Liebe zusammengefasst: »Du sollst den Herrn, deinen Gott (→ Gott), lieben von ganzem Herzen, von ganzer Seele, von allen Kräften und von ganzem Gemüt, und deinen Nächsten wie dich selbst.« Und an anderer Stelle betont er: »Daran wird jedermann erkennen, dass ihr meine Jünger seid, wenn ihr Liebe untereinander habt.« In unübertroffener Poesie brachte Paulus diesen Gedanken in seinem ersten Brief an die Korinther (→ Bibel) auf den Punkt: »Wenn ich mit Menschen- und mit Engelzungen redete und hätte die Liebe nicht, so wäre ich ein tönendes Erz oder eine klingende Schelle. Und wenn ich prophetisch reden könnte und wüsste alle Geheimnisse und alle Erkenntnis und hätte allen Glauben, sodass ich Berge versetzen könnte, und hätte die Liebe nicht, so wäre ich nichts. Und wenn ich alle meine Habe den Armen gäbe und ließe meinen Leib verbrennen und hätte die Liebe nicht, so wäre es mir nichts nütze. Nun aber bleiben Glaube, Hoffnung, Liebe, diese drei; aber die Liebe ist die größte unter ihnen.«

Übrigens: Dieser Text wurde nicht für verliebte Paare vor dem Traualtar geschrieben, sondern für eine ziemlich verlotterte Hafenstadtgemeinde (→ Gemeinde), die das

Zentrum ihres Glaubens offensichtlich weitgehend aus den Augen verloren hatte.

*Martin Schultheiß*

# Litanei

Manchmal fehlen einem einfach die Worte. Etwas ist so wichtig oder so schön, dass man gar nicht sagen kann, was es denn am besten trifft. Man sucht und sucht und findet auch Wörter – aber keines ist genau passend.

So ging es Christen (→ Christen/Christinnen) zum Beispiel mit dem Namen Jesu (→ Jesus): »Jesus, du Heiland. Jesus, du Retter. Jesus, unser Freund. Jesus, du Liebevoller, und so weiter.« Im Laufe der Zeit hat sich eine ganze Wortliste gebildet, die man in der Gemeinschaft heruntergebetet hat. Einer sagt ein Stichwort und alle anderen antworten zum Beispiel mit dem Ruf: »Erbarme dich unser.« So gibt es »Namen-Gottes-Litaneien« oder eine »Litanei vom Leiden Jesu«. Oder eine »Herz-Jesu-Litanei«. Und schließlich auch eine »Muttergottes-Litanei«, die sogenannte »Lauretanische Litanei«, was so viel heißt wie »Wunderbare Litanei«. Für evangelische (→ evangelisch) Christen hört sich eine Litanei geradezu schrecklich an, weil sie den Geschmack von einer Bestürmung des Himmels hat. Das sei doch eigentlich gar nicht nötig, weil wir doch schon in Gottes (→ Gott) Gnade leben. Kann schon sein – aber ist es nicht auch wunderbar, gar nicht aufhören zu können, etwas Schönes zu sagen zu Jesus und zu Gott?

Litaneien sind in einem gewissen Maß auch gefährlich. Manche sind so arg lang, dass Betende dabei einschlafen, weil sie auch noch so eintönig gebetet werden. Deshalb wechselt manchmal auch der Antwortruf der Gemeinde: Damit man immer etwas zum Aufpassen hat.

*Bruder Paulus Terwitte*

## Lust

Manche sehen in der Lust eine Last oder gar ein Laster, auf jeden Fall aber einen großen Feind des Glaubens. Heutzutage scheinen die Kirchen (→ Kirche) allerdings eher von Lustlosigkeit bedroht zu sein. Vielleicht sollte man in den Gotteshäusern öfter den 37. Psalm verlesen: »Habe deine Lust am HERRN; der wird dir geben, was dein Herz wünscht.«

Allgemein haben die Kirchen in der öffentlichen Wahrnehmung tendenziell ein lusthemmendes Image, Frömmigkeit gilt als absolute Spaßbremse. Ein uralter Reflex, mit dem schon Jesus zu kämpfen hatte, als man ihn als »Fresser und Weinsäufer« beschimpfte. Immerhin war sein erstes öffentliches Wunder die Verwandlung von Wasser in edlen Wein auf einer Hochzeitsparty.

Auch Martin Luther (→ Luther) war ein durchaus leidenschaftlicher und mittelalterlich-sinnenfreudiger Mensch und seine Parole »Allein durch das Wort« eher kämpferischer als intellektueller Natur. Doch viele von ihm inspirierte Protestanten verbannen die heftigen Emotionen lieber aus dem Kirchenraum in die weltliche Sphäre und suchen im Gottesdienst (→ Gottesdienst) die Nachdenklichkeit. Sprich: Einer denkt vor, die anderen müssen das nachdenken. Kein Wunder, wenn dann der Pastor irgendwann einsam und allein durch das Wort in der Kirche steht! Wo der Glaube lustvoll verkündet und gelebt wird, werden auch die Kirchen voll.

*Martin Schultheiß*

## Luther, Martin → Reformation

# Madonna

Ein beliebter Vorname, der durch die Popsängerin richtig bekannt wurde – weit über den Raum der Kirche (→ Kirche) hinaus. Übersetzt heißt dieser Name »Meine Frau« und greift den französischen Ausdruck »Notre Dame« auf, was wiederum »Unsere Frau« heißt oder noch mehr »Unsere Liebe Frau« meint. Damit bezeichnen französische Christen (→ Christen/Christinnen) Maria, die Mutter Jesu (→ Jesus), die sie geadelt sehen durch den Heiligen Geist (→ Heiliger Geist), durch den sie Jesus zur Welt gebracht haben soll. Da scheint ihnen die ritterliche Bezeichnung »Frau« als Ansprache für eine gehobene Frauenpersönlichkeit gerade recht.

Die Darstellung der Madonna zeigt meist eine junge Frau, oftmals in einem weißen Gewand mit einem blauen Umhang. Die weiße Farbe weist auf die Reinheit Mariens hin. »Sei gegrüßt, Maria, du Begnadete!« (Lukas 1, 28). Sie ist von Gott (→ Gott) so geschaffen worden, dass sie bereit war, zum Anspruch des Engels, sie solle die Mutter des Herrn Jesus werden, ihr Ja zu sagen: »Ich bin die Magd des Herrn; mir geschehe, wie du es gesagt hast« (Lukas 1, 38). Deswegen wird eine Madonnen-Statue auch mit aneinandergelegten Handflächen gezeigt, deren

Finger nach oben zeigen. So soll sichtbar werden, dass Maria ganz auf Gott ausgerichtet war. Auf dem Kopf trägt die Madonna eine Krone, die für die Herrlichkeit Gottes steht, mit der diese Frau umgeben war: Sie ist Jesus näher gekommen als alle anderen Menschen, denn sie hat ihn geboren.

Die Begeisterung für Maria mit ihrer vorbehaltlosen Hingabe an das Wirken des Heiligen Geistes führt mancherorts auch zu Übertreibungen, die gerade bei evangelischen Christen ein Kopfschütteln hervorrufen: Plastikmadonnen, deren Krone man abschrauben kann, um dann Wasser aus einer heiligen Quelle einzufüllen. Oder ein Schauglas, mit Wasser gefüllt, das man schütteln kann, sodass »Schneeflocken« eine Madonnenfigur umwirbeln (→ Devotionalien). Das sieht so kitschig aus, dass man sich nicht wundern muss, solcherart Darstellungen in entsprechenden Kneipen oder Szenegeschäften zu finden.

*Bruder Paulus Terwitte*

# Maria Lichtmess

Maria Lichtmess – das Fest, das auf den 2. Februar fällt, hat seinen Namen von den Kerzen, die an diesem Tag in katholischen (→ katholisch) Kirchen (→ Kirche) für das ganze Jahr geweiht und in feierlicher Prozession umhergetragen werden. Maria Lichtmess wird auch »Darstellung des Herrn« oder früher »Mariä Reinigung« (»Purificatio Mariae«) genannt und ist der vierzigste Tag nach Weihnachten (→ Weihnachten). Ursprünglich wurde Lichtmess am 14. Februar gefeiert, weil es 40 Tage nach dem 6. Januar (als dem Geburtsfest Jesu in den Ostkirchen) lag. Nachdem die Geburt nun gemeinsam auf den 25. Dezember »verlegt« wurde, kommt die Zählung auf den 2. Februar.

So merkwürdig »Mariä Reinigung« auch klingt, sinnhafter als »Maria Lichtmess« ist es allemal, denn nach jüdischer Vorschrift galt die Frau nach der Geburt eines Jungen 40 Tage, nach der eines Mädchens 80 Tage als unrein. Die Reinheit wurde dann durch ein Schaf- und Taubenopfer wiedergewonnen. Der Erstgeborene wurde zudem als Eigentum Gottes (→ Gott) angesehen und symbolisch dem Tempel übergeben, woher das Wort »dargestellt« stammt.

Seit dem 4. Jahrhundert wurde die Wiedergewinnung der Reinheit Mariens und die Darstellung Jesu (→ Jesus) im Tempel in Jerusalem gefeiert und ein Jahrhundert später durch eine Lichterprozession ergänzt. Die Ergänzung ist eine Reaktion auf das an diesem Tag gefeierte Fest des »Imbolgsanfang«, an dem die Sonne einen »Sprung« in Richtung der längeren und wärmeren, also helleren Tage, macht.

Traditionell endet mit »Lichtmess« ganz praktisch die Weihnachtszeit, weil bis dahin in vielen Kirchen und Wohnungen die Weihnachtsbäume und Krippen bleiben.

*Marcus C. Leitschuh*

## Messe → Gottesdienst

# Ministranten

Joschka Fischer war einer. Thomas Gottschalk und Alfred Hitchcock. Christoph Metzelder und Stefan Raab. Joseph Ratzinger sowieso und Christoph Schlingensief überraschenderweise. Sie alle waren Ministranten. Messdiener. »Minis«. Wie immer man sie auch beschreibt. Rund 400 000 junge Leute »arbeiten«, besser gesagt: »dienen« in Deutschland im Schnitt am katholischen (→ katholisch) Altar (→ Altar). Sie ziehen mit dem Pfarrer (→ Pfarrer/Priester) in die Kirche (→ Kirche) ein und helfen bei der Bereitung der Gaben, tragen und halten Bücher und Kerzen, legen Weihrauch (→ Weihrauch) nach oder läuten die Glocken (→ Glocken), helfen dem Priester bei der Händewaschung (Lavabo).

Wie auch der Pfarrer tragen sie ein liturgisches Gewand. Sei es aus einfachem grauen Leinen, genannt »Albe« (→ Albe), oder mit einem farbigen Unter- und weißem Übergewand und dem Chorhemd, auch »Rochett« genannt. Das Untergewand variiert je nach Zeit im Kirchenjahr. Im Advent und der Fastenzeit (→ Fasten) ist es z. B. violett, an hohen Feiertagen rot. Darüber kommt zum Teil noch ein Kragen in der gleichen Farbe.

Ministranten waren jahrhundertelang die erste Stufe auf dem Weg zum Priesteramt. 1947 sprach Papst Pius XII. (→ Papst) erstmals offiziell von »Ministranten« außerhalb des Klerikerstandes. Das Zweite Vatikanische Konzil (→ Zweites Vatikanisches Konzil) wertete den Dienst der Minis auf und macht sie ganz groß, weil sie als Laien

»einen wahrhaft liturgischen Dienst« (»vere ministerium liturgicum«) ausüben. Seit den 70er-Jahren gibt es auch Mädchen im Altardienst. Papst Johannes Paul II. erlaubte 1994 offiziell diese Regelung. Heute sind etwa 50 % der Ministranten weiblich (→ Gleichberechtigung).

Pädagogisch wertvoll ist der Mini-Dienst in jedem Fall. Ich weiß nicht, wie oft ich als Kind und Jugendlicher sonntags in die Kirche stapfte, an Feiertagen sogar mehrfach, weil ich »Dienst« hatte, und dann war es plötzlich ein unerwartetes Wort oder ein Lied im Gottesdienst (→ Gottesdienst), das mich angesprochen hat. Manchmal kann die Gewohnheit und der Zwang eines Dienstplanes ebenso gut sein, wie von Kindertagen an zu merken, dass man in der Kirche gebraucht wird und dass ein Pfarrer kein Einzelkämpfer ist.

Und Achtung! Es gibt schon erste evangelische (→ evangelisch) Gemeinden (→ Gemeinde), die eine Art Messdienerdienst kennen. Oft sind es Konfirmanden, die dem Pfarrer oder Lektor helfen. Das wäre doch auch was für die Ökumene. Evangelische Messdiener. Super.

*Marcus C. Leitschuh*

## Missio (Hilfswerk)

Für eine »Kirche mit Weitblick« steht das Päpstliche (→ Papst) Missionswerk »missio«. Diese »Bürgerinitiative« engagierter Katholiken (→ katholisch) geht auf eine junge Frau zurück, die in der ersten Hälfte des 19. Jahrhunderts den Blick über den eigenen Kirchturm wagte: Pauline

Marie Jaricot gründete im Jahr 1832 in Lyon einen Missionsverein, der sich über die ganze Welt ausbreitete und in Deutschland unter dem Namen »missio« bekannt ist.

missio unterstützt die Kirchen (→ Kirche) in Afrika, Asien und Ozeanien und trägt dazu bei, dass sich die Kirche in den Ländern des Südens entfalten kann. Ein besonderes Anliegen ist es missio, die Ausbildung der Projektpartner zu sichern. Damit auch morgen noch Menschen wie der missio-Partner Shay Cullen dem Sextourismus den Kampf ansagen. Damit auch künftig Ordensschwestern wie Raphaela Händler gegen die Aids-Pandemie in Afrika angehen. Und damit auch weiterhin Menschen wie Wendy Louis den Aufbau von Kleinen Christlichen Gemeinschaften in Asien fördern. Es sind solche missio-Partner wie Pater Shay Cullen, Schwester Raphaela Händler oder Wendy Louis, die dem Glauben weltweit Leben geben.

*Klaus Vellguth*

# Mission

Wer einen tollen Film im Kino gesehen hat, muss seinen Freunden einfach davon erzählen. Und wer ein spannendes Buch gelesen hat, gibt den Buchtipp automatisch weiter. Wer begeistert ist, begeistert andere.

»Einfach umgehauen« hat vor 2000 Jahren die Menschen in Palästina, was ihnen Jesus (→ Jesus) von Nazareth damals gesagt und vorgelebt hat. Ihm ging es darum, dass alle Menschen besser leben können. Er nannte dieses Dasein jenseits aller Oberflächlichkeit »Leben in Fülle«.

Die Menschen rund um Jesus konnten nicht schweigen. Sie verkündeten die Nachricht von einem »Leben in Fülle« (→ Evangelium) zunächst in ihrer Nachbarschaft und im Freundeskreis, später in fremden Städten, Ländern und Kontinenten. Wie ein Lauffeuer verbreitete sich das Evangelium um die ganze Welt. Und die Mission geht überall dort weiter, wo Menschen sich auch heute noch vom Evangelium begeistern lassen. Denn wovon das Herz voll ist, davon quillt bekanntlich der Mund über.

*Klaus Vellguth*

# Mitra

Die Mitra ist der Hut, den die Bischöfe (→ Bischof) beim Gottesdienst (→ Gottesdienst) tragen. Aber auch da nicht immer, sondern nur, wenn sie sich als Leiter des Gottesdienstes an die Leute wenden. Wenn sie beten, wird ihnen die Mitra vorher abgenommen. Daran kann man schon sehen, dass es sich bei der Mitra um ein Zeichen für die Gemeinde (→ Gemeinde) handelt. Sie sieht im Bischof den Nachfolger der Apostel. Die Menschen versammeln sich um ihn und mit ihm um Jesus (→ Jesus) Christus (→ Christus).

Der Bischof hat das Amt, so glauben die Katholiken (→ katholisch), vom Heiligen Geist (→ Heiliger Geist) empfangen durch Handauflegung und Gebet. Darum sieht die Mitra auch aus wie eine Feuerzunge. Ursprünglich war sie allerdings nicht so spitz. Sie war eher eine Art Kappe oder eine Art Schlafmütze. Was für uns zum Schmunzeln ist, war in der römischen Zeit normal. Die ersten Bischöfe guckten sich das nämlich bei den Senatoren ab. Die trugen im Senat als Amtskleidung ein weißes Gewand und hatten auch Kappen auf. Ähnlich war es bei den ranghohen Juden. Auch sie trugen eine eigene Kopfbedeckung.

Solche Kopfbedeckungen im religiösen Bereich deuten an, dass auf bestimmten ausgesuchten Personen Gottes Herrlichkeit in besonderer Weise ruht. Das macht sie nicht zu besseren Menschen, sondern gibt ihnen Amt und Würde, die ihnen Anvertrauten im Glauben zu führen und anzufeuern.

*Bruder Paulus Terwitte*

# Monstranz

Eine Glaskapsel inmitten eines goldenen, edelsteingeschmückten Strahlenkranzes auf einem goldenen Fuß. Ein strahlendes Monster! Monster? Ja, ein Zeigeding – von lateinisch »monstrum« oder »monstrare«. Was wird damit demonstriert, gezeigt, zur Schau gestellt, zur Anbetung dargeboten? Nun: Der Leib des wahrhaftig auferstandenen Menschen- und Gottessohns Jesus Christus. In Gestalt einer konsekrierten, einer geweihten, Hostie.

»Hostie«? Dieses aus dem Lateinischen stammende Wort bedeutet »Opfergabe«. Jesus (→ Jesus) hat mit seinen zwölf Jüngern am Abend vor seiner Kreuzigung (→ Kreuzigung) ein rituelles Mahl in der Tradition des jüdischen Passahfestes gefeiert. Dazu heißt es im 1. Korintherbrief des Apostels Paulus: »Jesus, der Herr, nahm in der Nacht, in der er ausgeliefert wurde, Brot, sprach das

Dankgebet, brach das Brot und sagte: Das ist mein Leib für euch. Tut dies zu meinem Gedächtnis.«

Hat das Wort »Leib« dieselbe Bedeutung wie das Wort »Körper«? Ist die Hostie, dieses runde, weiße, papierdünne Ding, gebacken aus nichts als reinem Weizenmehl und Wasser, der materielle Körper des Auferstandenen (→ Auferstehung)? Nein, sie ist ein Zeichen für Jesu Leben als Geschenk, als Angebot der Selbsthingabe an alle, die an ihn glauben als Verkörperung des Wortes: »Ich bin der Weg, die Wahrheit und das Leben, niemand kommt zum Vater, denn durch mich« (Johannes 14, 6).

In der kostbaren Monstranz wird diese Lebensmitteilung, diese Lebenshingabe festlich demonstriert. Passend wäre es, wenn das Brot wirklich als zerbrochenes gezeigt werden würde und nicht nur als runde Hostie. Bei Prozessionen an Fronleichnam (→ Fronleichnam), bei der eucharistischen (→ Eucharistie) Anbetung und zu Segensandachten hält der Priester (→ Pfarrer/Priester) dieses Schaustück nicht mit bloßen Händen in die Höhe, sondern verhüllt die Monstranz ehrfurchtsvoll mit einem Velum, einem besonderen Schultertuch. Die Gläubigen verehren knieend das »ausgesetzte«, gezeigte Allerheiligste.

*Bruder Paulus Terwitte*

## Musik

Schon immer haben gläubige (→ Glauben) Menschen leidenschaftlich gerne gesungen und musiziert. Weil man mit Liedern Gefühle und Erfahrungen erklingen lassen kann, für die Worte nicht ausreichen. Gerade wenn es um Liebe und Anbetung geht. Nebenbei: Die Psalmen des Alten Testaments (→ Bibel) zeigen, dass schon vor Jahrtausenden im Tempel kräftige Melodien erklangen – und das Neue Testament erzählt, dass die frühen Christen (→ Christen/Christinnen) diesen Brauch gerne übernahmen.

Doch so einfach, wie es scheint, ist das mit der Musik leider nicht. Wie zu fast allen Zeiten tobt in den Kirchen (→ Kirche) seit längerem wieder mal ein Kulturkrieg, weil sich die Menschen einfach nicht über die wahre Form der Kirchenmusik einigen können. Auf der einen Seite der Front stehen die klassischen Kirchenmusiker, die der unumstößlichen Überzeugung sind, seit Bach und Schütz hätte es eigentlich keine akzeptable Lieddichtung mehr gegeben und man müsse die alten Gesänge nur mit allen 16 Strophen singen, um ins spirituelle Wachkoma zu fallen, während auf der anderen Seite die Anhänger des »Neuen Geistlichen Liedes« und des »Lobpreises« (→ Sakropop) verzweifelt versuchen zu beweisen, dass auch jüngere Menschen schöne Musik machen können. Was ihnen leider nicht so oft gelingt, wie erhofft.

Und während einige böse Zungen behaupten, in der Bibel käme gar keine Orgel vor, die an der Wand klebende Ansammlung geliftteter Metalldosen sei ein ehemaliges Jahrmarktinstrument und die meisten Spieler echte »Orgelpfeifen«, stellen andere überrascht fest, dass der Satz »Jeder Christ ein Gitarrist« offensichtlich falsch ist. Zumindest klingt er so.

Und dann gibt es da noch eine radikale Minderheit, die behauptet, es habe schon seinen Sinn gehabt, dass die feindliche Stadt Jericho durch den Klang von Posaunen eingestürzt sei. Das möge man doch bitte noch einige Jahrtausende weiterpflegen. Heute heißt dieses Lärmemissionskonsortium »Posaunenchor« – und klingt manchmal richtig schön.

Weil die ewigen Konflikte eigentlich allen die Freude an der Musik verderben, wäre es vielleicht hilfreich, ein wenig kompromissbereiter und freundlicher miteinander umzugehen. Dann würden die Klassikfans entdecken, dass es tatsächlich herrliche neue Kompositionen gibt, während die Modernisten irgendwann verblüfft rufen: »Was, so alt ist ›Geh aus mein Herz und suche Freud‹! So alt und trotzdem so schön.«

*Fabian Vogt*

# Nächstenliebe

Nächstenliebe heißt nicht: »Wenn es mit der einen Liebe nicht klappt, dann vielleicht mit der nächsten.« Das Gebot (→ Gebote) der Nächstenliebe ist schon in den Mosebüchern (→ Bibel) erwähnt, bezieht sich dort aber zunächst tatsächlich nur auf die »Nächsten«, nämlich die Angehörigen des eigenen Volkes. Jesus (→ Jesus) erweitert diese Perspektive und erzählt in dem berühmten Gleichnis vom barmherzigen Samariter, was er unter Nächstenliebe versteht: nämlich spontane Hilfeleistung an den Orten und in den Situationen, an denen man gebraucht wird, über die Grenzen von Volkszugehörigkeit und Religion hinweg.

Ob Jesus damit wirklich meinte, die Nächstenliebe müsse in späteren Jahrhunderten einmal durch Bildung von karitativen Großorganisationen in die Tat umgesetzt werden, sei dahingestellt, aber diese Hilfswerke erfüllen zweifellos eine wichtige Funktion in unserer Gesellschaft und tragen nicht wenig zur Stärkung des Ansehens der Kirchen (→ Kirche) in der Öffentlichkeit bei. In kirchlichen Kreisen kennt man mittlerweile sogar den »fernen Nächsten«, dem völlig jenseits aller spontanen Aktionen über spendenfinanzierte Organisationen geholfen wird.

Leider geht die tätige Nächstenliebe oft mit dem Helfersyndrom eine ungesunde Symbiose ein: Der Helfer fühlt sich in seinem Selbstwertgefühl gestärkt und hofft insgeheim, den lieben Gott (→ Gott) (oder zumindest seine Mitmenschen) mit seinen Taten beeindrucken zu können, vor allem, wenn es sichtlich Mühe kostet: »Ohne Schmerzen kommt´s nicht von Herzen!« Ein anderes Missverständnis ist der moderne Ablasshandel zur Gewissensentlastung: »Ich zahle Kirchensteuer und spende zu Weihnachten, davon kann man all die Sozialarbeit bezahlen, zu der ich keine Zeit und Lust habe!« Wir können sicher sein: Beides hat Jesus nicht gemeint. Und beides hat nichts mit Liebe im Sinne Jesu zu tun.

*Martin Schultheiß*

## Namenstag

Mein Freund Lars feierte mit seiner spanischstämmigen Mutter nicht nur seinen Geburtstag, sondern auch seinen Namenstag. Und der war fast noch wichtiger. Auch ich bekam am Tag des Evangelisten Markus im Juni kleine Geschenke. Und: Noch heute ruft mich mein ehemaliger Pfarrer (→ Pfarrer/Priester) am Markustag an.

Der Namenstag ist der Gedenktag, meist der Todestag, eines Heiligen (→ Heilige). Im Mittelalter bekam man meist am Tag nach der Geburt automatisch den Namen des Tagesheiligen. Das Taufdatum (→ Taufe), zugleich Namenstag, wurde im Kirchenbuch eingetragen und so finden wir bei Martin Luther (→ Luther) den Tauftag 11. November

(Martinstag) 1483 und nicht seinen Geburtstag überliefert. Im Zuge der Gegenreformation wurden die Katholiken dazu aufgerufen, sich durch den Namenstag von der freien Namenswahl der Protestanten abzusetzen.

Modische Namen wie Dennis oder Alf machen es heute oft schwer, den passenden Heiligen zu finden. Da haben es Stefan (= Stephanus) oder Paul (= Paulus) einfacher.

*Marcus C. Leitschuh*

# Ökumene

Ich bin ökumenisch aufgewachsen. Vormittags mit den Eltern in der Eucharistiefeier (→ Eucharistie), nachmittags immer mal wieder mit den evangelischen (→ evangelisch) Nachbarn in der Jungschargruppe oder einer Aktivität des Jugendbundes »Entschieden für Christus« (EC). Die Unterschiede wurden mir schnell klar, aber als begeisterter Theaterbesucher war ich ja auch von dort gewohnt, dass das gleiche Stück immer wieder anders inszeniert wurde.

Komisch wurde es allerdings dann, wenn der Begriff »Ökumene« selbst Thema wurde. Damit meinte mein Pfarrer (→ Pfarrer/Priester) nämlich das gemeinsame Fußballturnier oder den Gottesdienst mit der evangelischen Nachbargemeinde zum Weltgebetstag der Frauen. Der evangelische (→ evangelisch) Pfarrer bezeichnete mit den »Freunden aus der Ökumene« allerdings eher die evangelische Partnergemeinde in Südafrika. Ökumene also eher als weltweit Verbindendes innerhalb der Evangelischen verstanden, was der Begriff »katholisch« (→ katholisch) ja auch schon darstellt.

Richtig ist, dass »Ökumene« ursprünglich die gesamte bewohnte Welt bezeichnete. Deutlich wird das bei den sogenannten »Ökumenischen Konzilien«. Deren Entscheidungen galten für die gesamte Christenheit und das gesamte Reich. Das Zweite Vatikanische Konzil (→ Zweites Vatikanisches Konzil) war das letzte ökumenische Konzil, das in der katholischen Kirche stattgefunden hat.

Seit dem 20. Jahrhundert bezeichnet der Begriff den Dialog zwischen den Konfessionen und Religionen. Und hier gibt es Fortschritte, die immer noch zu klein wirken, aber im Vergleich zu mehreren Jahrhunderten Spaltung riesig sind. Ökumenische Kirchentage (→ Kirchentag) und Versammlungen gehören ebenso dazu wie der Bibelkreis oder der ökumenische Weltgebetstag der Frauen vor Ort.
*Marcus C. Leitschuh*

## Ordensregel

Die vielen Orden in der katholischen (→ katholisch) Kirche (→ Kirche) betonen immer einen bestimmten Aspekt des Lebens Jesu (→ Jesus). Der »betende Jesus« wird von den sogenannten kontemplativen Orden dargestellt, sprich: die Brüder und Schwestern leben in der Klausur und schweigen viel. Die Krankenpflegeorden zeigen Jesu Sorge um die schwachen Menschen. Die Schulorden wollen Jesus, dem Lehrer, dienen. Und es gibt auch Orden, die sich besonders der Jugendlichen annehmen.

Jede Gemeinschaft hat ihre charakteristischen Eigenheiten. Ihr jeweiliger Gründer hat eine Ordensregel verfasst, an der sich alle orientieren, die in diesen Orden eintreten. Damit wird sichergestellt, dass die Männer oder Frauen, die in den Orden eintreten, wegen der Sache des

Ordens kommen und nicht etwa aus persönlichen Beziehungen zu einem Bruder oder einer Schwester.

Die meisten Ordensregeln haben zwei Teile. Im ersten geht es eher um einen geistlichen Text. Darin wird erklärt, wie man Jesus versteht, was Gebet (→ Gebet) in dieser Gemeinschaft bedeutet und wie man sich organisiert. In einem zweiten Teil geht es um Ausführungsbestimmungen. Da wird dann festgelegt, wie oft und was man beten will, wie die Ordenskleidung aussieht oder nach welcher Geschäftsordnung man Ordensversammlungen abhalten will und die jeweiligen Leitungen wählen soll.

Wer eine solche Regel lesen will, um den Orden besser zu verstehen, wird allerdings meist enttäuscht sein: Oft sind die Texte so spröde, dass man die Buchstaben besser beiseitelässt und einfach bei der Ordensgemeinschaft anruft und einige Stunden dort verbringt. Meistens hat man Glück: Schon nach kurzer Zeit wird man spüren, was das Besondere an dieser Gemeinschaft ist. Denn was wirklich wichtig ist, braucht lebendige Herzen und nicht tote Buchstaben.

*Bruder Paulus Terwitte*

# Ordinariat

Der Bischof (→ Bischof) wird kirchenrechtlich auch »Ordinarius« genannt. Er sorgt nämlich für die Ordnung in seiner Ortskirche. Dafür stellte er sich schon früh verschiedene Fachleute zur Seite. Die wiederum brauchten Kollegen und weitere Hilfskräfte, sodass es zu einem ungeheuren Wachstum der kirchlichen Verwaltung (→ Kirche) kam. Mit den Fachteams kann der Bischof auf diese Weise pastorale Entwicklungen anstoßen, Gottesdienst-Hilfen (→ Gottesdienst) anbieten oder der Schul- und Erwachsenenbildung im Bistum Impulse geben.

Damit das alles finanziert werden kann, gibt es eine Finanzabteilung im Bistum und für das Personal im Ordinariat und im ganzen Bistum auch eine Personalabteilung. Einmal in der Woche trifft sich der Bischof mit den sogenannten Ordinariatsräten, den Leitern der einzelnen Abteilungen. Das ist dann so etwas wie eine Kabinettssitzung, in der die wichtigen Entscheidungen (und das immer nur mit Zustimmung des Bischofs) gefällt werden.

Die kirchliche Verwaltung wird zwar von so manchen Katholiken (→ katholisch) als schwerfällig bezeichnet. Wenn man aber bedenkt, wie viel »die Kirche« und »der Bischof« an Kindergärten, Krankenhäusern, Kirchengebäuden, Rundfunkarbeit, sozialen Projekten etc. zu verantworten haben, muss man staunen, dass es nicht noch mehr Verwaltungsmenschen braucht.

*Bruder Paulus Terwitte*

# Orgel

Die Orgel ist sozusagen der Synthesizer der Antike – sie wird über eine Tastatur gespielt, ahmt Klänge anderer Instrumente nach und kann den Sound wechseln. Erfunden wurde sie übrigens von dem griechischen Ingenieur Ktesibios von Alexandria im Jahr 246 vor Christus (→ Christus).

Ihn interessierte dabei allerdings weniger die Musik als die Erzeugung eines konstanten Luftdrucks mit Hilfe von Wassertonnen, weshalb dieses Gerät auch den schönen Namen »Wasserorgel« trug.

Einer der ersten berühmten Orgelspieler war der römische Kaiser und Christenverfolger Nero. Zu seiner Zeit war es üblich, Orgeln für die musikalische Umrahmung von Gladiatorenkämpfen einzusetzen – mit keinem anderen Instrument hätte man damals einen solchen Schalldruck erzeugen können. Aufgrund ihrer bluttriefenden Vorgeschichte war die Orgel bei den römischen Christen (→ Christen/Christinnen) deshalb auch äußerst unbeliebt, konnte sich aber im arabischen und byzantinischen Kulturkreis durchsetzen.

Als dann in Europa die Kathedralen immer größer wurden und man für die mächtigen Bauten eine angemessene Beschallung brauchte, wanderte ab dem 9. Jahrhundert – auf kaiserlichen Wunsch hin und gegen erbitterte Widerstände seitens der kirchlichen Würdenträger – dieses ganz und gar »unchristliche« Instrument als Statussymbol in die Gotteshäuser ein und eroberte nach und nach die musikalische Hoheit in der Liturgie.

Nach den Wirren der Reformationszeit (→ Reformation) blühte der Orgelbau in vielen europäischen Ländern auf, in calvinistisch geprägten Ländern wie England und den Niederlanden wurde jedoch der Gebrauch der Orgel im Gottesdienst bis weit ins 17. Jahrhundert hinein verboten. Heutzutage ist die Pfeifenorgel aufgrund der enormen Kosten, die mit ihrer Herstellung und Pflege verbunden sind, wieder auf dem Rückzug. An ihre Stelle tritt immer öfter die preisgünstige Digitalorgel – für Puristen ein Gräuel, für Pragmatiker eine brauchbare Alternative. Manche (vorwiegend freie) Gemeinde (→ Gemeinde) verzichtet auch ganz auf diese Klänge und investiert lieber in einen guten Konzertflügel.

*Martin Schultheiß*

# Ostern ➡ Auferstehung

# Papst

Man sollte den Papst mal ein paar Jahre nicht mehr im Fernsehen oder in den Zeitungen zeigen. Das meine ich als Katholik (→ katholisch) ganz ernst. Denn der Papst ist nicht so wichtig, wie es immer wieder den Anschein hat. Er ist inzwischen so etwas wie eine Kultfigur geworden. Kein Wunder, denn er kleidet sich seltsam und wird bei seinen Auftritten frenetisch bejubelt. Im deutschen Sprachraum kommen wir gerade bei Letzterem nur schwer mit. Es wächst der Verdacht, hier würde ein Sektenführer seine Anhänger umnebeln.

Mir wäre es viel lieber, die Kameras würden die Christen (→ Christen/Christinnen) im Alltag zeigen. Den hat ein Papst auch. Da muss er zum Beispiel mit den über 2500 Bischöfen (→ Bischof) in der Welt in Kontakt bleiben. Das ist seine Hauptaufgabe: Diese vielen Ortskirchen in allen Ländern in der Einheit zu erhalten. Denn, und das wundert vor allem evangelische (→ evangelisch) Christen immer wieder: Es geht in der katholischen Kirche in der Hauptsache um die Kirche (→ Kirche) vor Ort.

Der einzelne Bischof mit den Christen, die zu seinem Bistum gehören, sammelt die katholische Kirche um sich. Und jeder einzelne Christ ist eingeladen und verpflichtet, aus der Einheit mit dem Bischof den Bereich zu gestalten, in dem er lebt und arbeitet. Er kann sich dabei sicher sein, dass er verbunden ist mit allen anderen katholischen Christen weltweit, weil sein Bischof wie alle Bischöfe der Welt mit dem Bischof von Rom verbunden ist.

Der Papst ist also so etwas wie ein Katalysator der Einheit der katholischen Kirche. Sein weißes Gewand deutet darauf hin, dass Katholiken tatsächlich glauben, dass unsere Einheit untereinander und mit dem eigenen Bischof und durch ihn mit den Bischöfen in der ganzen Welt nicht nur eine Idee als Mitte hat, sondern die lebendige Person Jesu (→ Jesus) Christi (→ Christus). Deswegen nennt man den Papst auch Stellvertreter Christi auf Erden – wohlwissend, dass auch er nichts anderes tut als alle Christen auch: die Menschen auf Jesus zu verweisen und in Jesus zu vereinigen.

*Bruder Paulus Terwitte*

# Pfarrer/Priester

Der seltsame Mann im untaillierten Festgewand (schwarz = evangelisch, weiß = katholisch), der den Gottesdienst (→ Gottesdienst) leitet, heißt in der evangelischen (→ evangelisch) Kirche (→ Kirche) »Pfarrer« (von griechisch »Paraoikos«, nah bei den Häusern, sprich: bei den Menschen seiend) oder »Pastor« (griechisches Wort für »Hirte«) und bei den Katholiken (→ katholisch) »Priester« – oder auch Pfarrer. Diese sakralen Amtsinhaber übernehmen die geistliche Verantwortung für einen Pfarrbezirk.

Um einen derartigen klerikalen Job antreten zu können, müssen Kandidaten ein ausführliches Studium absolvieren, in dem sie sich mit dem Alten und Neuen Testament (→ Bibel), der Kirchengeschichte, den kirchlichen Dogmen, der Seelsorge und der Gemeindepraxis beschäftigen. Außerdem sollen sie die »Ur-Sprachen« Griechisch, Hebräisch und Latein lernen, weil die wichtigsten theologischen Quellen darin verfasst sind.

In der katholischen Kirche kommt dazu, dass die Priesterweihe als Sakrament (→ Sakrament) gilt, das mit besonderen Bedingungen verbunden ist. So dürfen Priester bis heute in Deutschland nicht heiraten, sondern müssen den Zölibat (→ Zölibat) einhalten, also Ehelosigkeit versprechen. Das ist möglicherweise einer der Gründe, warum es einen deutlichen Priestermangel gibt, der unter anderem durch Pfarrdiakoninnen und Diakone aufgefangen werden soll. Diakone unterstützen die Priester einer Region, dürfen aber nur ausgewählte Amtshandlungen durchführen.

Wer seinen Pfarrer oder Priester kritisch betrachtet, sollte nicht vergessen, dass mit manchen Theologen eine Art Zombiisierung stattfindet, sobald sie ein Amtsgewand (→ Albe) anziehen. Ihre Stimme klingt dann salbungsvoll und fremd – und die vorher so freundliche Person kommt seltsam roboterhaft daher. Vielleicht liegt das aber auch an unserer deutschen Distanzkultur. In schwarzafrikanischen Gemeinden werden Pfarrer zum Beispiel bei der Predigt fröhlich und begeistert von der Gemeinde angefeuert: »Yes, Sir«, »Go ahead«, »Preach«. Etwas, das man in deutschen Kirchen selten hört. Schon wegen der Sprache. Probieren Sie das doch einfach mal aus. Nächsten Sonntag. Sie werden sehen: Es wird sich was ändern. Und der eben noch so verklemmte Geistliche wirkt auf einmal ganz normal.

*Fabian Vogt*

# Pfingsten

Ein Sturm mitten im Haus, geheimnisvolle Feuerzungen, die aus dem Nichts auftauchen und sich auf die Köpfe setzen, und Menschen, die plötzlich aufspringen, nach draußen rennen und in fremden Sprachen reden: Was da wie das Drehbuch zu einem B-Horror-Movie klingt, ist eine der interessantesten Geschichten des Neuen Testamentes (→ Bibel). Es geht um Pfingsten.

Jesus (→ Jesus) hatte vor seinem Tod seinen Jüngern versprochen, dass er ihnen einen »Tröster« senden würde, der ihnen Kraft gibt und sie begleitet. Dieser luftige Geselle heißt »Heiliger Geist« (→ Heiliger Geist). Doch er tauchte in den ersten Wochen nach der Auferstehung nicht auf. Leider. Darum sitzt die Jüngerschar nun mutlos und deprimiert zusammen in einem Haus und weiß nicht weiter. Rausgehen wäre zu gefährlich, weil die Römer die Anhänger von Jesus immer noch verfolgen. Im Haus bleiben ist aber irgendwie auch blöd. Also tun sie einfach nichts.

In diese gruppentherapeutische Depri-Sitzung kommt das Pfingstereignis und krempelt alles um. Der Heilige

Geist bricht herein. Der Funke springt über. Und die eben noch ängstlichen Jünger sind so voller Tatendrang und Begeisterung, dass sie nach draußen gehen und aller Welt erzählen, wie wundervoll es ist, Jesus zu kennen. Die Zuhörer halten die euphorischen Jungs erst für besoffen, stellen dann aber fest, dass die ungebildeten Handwerker plötzlich Fremdsprachen beherrschen, mit denen sie noch nie zuvor etwas zu tun hatten. Und weil sich aufgrund der vielsprachigen Predigten viele neue Leute bekehrten, gilt Pfingsten als Geburtsstunde der Kirche (→ Kirche).

Die Geschichte beschreibt auch ganz gut, was der Heilige Geist ist: 1. Die Kraft Gottes in den Menschen, 2. Eine Kraft, die in den Menschen neue Begabungen hervorholt, und 3. Die Begeisterung für den Glauben. Natürlich gab es unzählige theologische Versuche, das Phänomen »Heiliger Geist« noch detaillierter zu beschreiben. So richtig gelingt das wohl nie, weil (wie es in der Bibel heißt) »der Geist weht, wo er will«.

Schade ist, dass einige freikirchliche Gruppierungen im Lauf der Jahrhunderte den Heiligen Geist so sehr für sich vereinnahmen wollten, dass die großen Landeskirchen (als Gegenreaktion) sehr vorsichtig im Umgang mit dieser heiligen Kraft geworden sind. Dabei könnten gerade unsere Gottesdienste (→ Gottesdienst) ein wenig mehr »Begeisterung« gebrauchen.

*Fabian Vogt*

# Pietà

Leben und Tod liegen eng beieinander. Die Darstellung der Maria, der ihr toter Sohn in den Schoß gelegt wird, bringt das auf den Punkt. Sie wird »Pietà« genannt, weil das lateinische Wort »pietas« sowohl Frömmigkeit wie auch Leid meint. Und fromme Beter (→ Gebet) findet man oft vor diesem auch »Schmerzhafte Mutter« genannten Bildstock. Der Schoß, aus dem das Leben kam: Da denkt der fromme katholische (→ katholisch) Christ (→ Christen/Christinnen) durchaus nicht nur an die Geburt im Allgemeinen, sondern an die Geburt dessen, der sagt: »Ich bin das Leben!« (Johannes 14, 6) (→ Jesus).

Darin liegt der Widerspruch, zu dem man wohl nur ins Beten (→ Gebet) kommen kann: dass sich alle Menschen nach Leben sehnen und doch alle Menschen zum Tod beitragen. Auch wer das für sich persönlich noch nicht sieht: Mittlerweile kann man jeden Tag im Fernsehen sehen, dass Mütter ihr totes Kind im Arm halten, nur weil die Herrschenden lieber Geld für Waffen ausgeben als für eine florierende Wirtschaft. Die ganze Ohnmacht, die einen da befallen kann, schüttet der gläubige Christ vor der Pietà aus. Dabei beachtet er, dass sich bei den meisten Darstellungen Jesus seltsam lebendig ausnimmt. Er ist bei bemalten Figuren lebendig rosa gezeichnet. Oder er hebt, wie bei der berühmtesten Pietà, der des Michelangelo, die in St. Peter in Rom zu sehen ist, die Hand, als wollte er gleich aufstehen. Denn darum geht es bei dieser Darstellung: dass Maria, voll der Gnade Gottes, auch im Tod noch vertraut, dass Gottes (→ Gott) Gnade sich nicht verabschiedet. Sie bleibt dem toten Jesus treu, der seinerseits im Sterben allen verziehen hat und gewissermaßen allen treu geblieben ist. »Darum hat Gott ihn über alle erhöht!« (Philipper 2, 9).

Dass Maria in diesem Bildstock den Leichnam Jesu hält und sogar ein wenig anhebt, macht deutlich, wie sehr sie mit der Auferstehung (→ Auferstehung) Jesu geht. Und das kann sich jeder mitnehmen, der sich nach einem Gebet vor der Pietà wieder in seinen Alltag begibt: Gott bezieht mich ein in die Auferstehung Jesu. Er legt mir seinen Sohn ins eigene Leben hinein. Er wird besonders da aktiv, wo ich nur noch Tod sehe, obwohl Gott auch darin meine Auferstehung beginnen lassen will.

*Bruder Paulus Terwitte*

## Pilgern

»Ich bin dann mal weg« ist seit dem Bestseller von Hape Kerkeling ein geflügeltes Wort. Sein Reisebericht vom Jakobsweg machte das Pilgern wieder populär. Der Begriff »Pilger« stammt vom lateinischen Wort »peregrinus« (= »in der Fremde sein«). Wortwörtlich ist der Pilger, die Pilgerin jemand, der »per agrum«, also von »über Land«, kommt. Ein Fremder, jenseits seines Besitzes. Und der Weg durch die Fremde hatte ein Ziel, nämlich einen Pilger- oder Wallfahrtsort. Die gab es schon in der Antike. Viele Höhlen galten zum Beispiel als heilige Orte und der Tempel der Artemis in Ephesos war ein zentraler Ort, an dem sich viele Pilger versammelten.

Jerusalem, Mekka und Medina sowie Rom (→ Rom) sind die zentralsten Wallfahrtsorte der monotheistischen Religionen: Judentum, Christentum und Islam. Immer schon hat bei den religionsgeschichtlich bedeutenden Orten die Volksfrömmigkeit eine wichtige Rolle gespielt. Für die fernen Heiligen (→ Heilige) brauchte man nahe, erreichbare Orte, an denen man sich ihnen näher fühlen konnte. Meist wurden deshalb ihre Geburtsorte als Wallfahrtsorte genutzt – oder aber Orte von Erscheinungen und Wundern, so etwa Marienwallfahrtsorte wie Lourdes, Fátima oder Medjugorje.

Bei aller bunten Frömmigkeit verwundert und irritiert an solchen Orten oft die Geschäftstüchtigkeit (→ Devotionalien). Maria in der Schneekugel oder auf T-Shirts erzeugt manches Kopfschütteln und ist nicht selten eher ein Zeichen von Gotteslästerung als von Gotteslob. Das war aber schon immer so. Die Reformatoren (→ Reformation) Zwingli, Calvin und Luther (→ Luther) waren – zu Recht, sage ich als Katholik – gegen das mit Aberglauben und Ablasshandel verbundene Pilgerwesen. Als Norwegen 1537 protestantisch wurde, stellte man Pilgern dort sogar unter Todesstrafe.

Hape Kerkeling hat es nun deutlich gemacht, dass Pilgern ganz normal und gut sein kann und nichts mit religiösem Übereifer und Grenzwertigkeiten zu tun haben muss. Nicht jeder Pilger will eine auferlegte Bußstrafe oder ein Gelübde einlösen, sich Schritt für Schritt von Schuld freikaufen oder einen Sündenablass erhalten. Auch die Hoffnung auf Gebetserhörung (→ Gebet) in einem bestimmten Anliegen oder auf Heilung von einer Krankheit ist nicht das primäre Ziel des Pilgerns. »Der Weg ist das Ziel«, dieser Satz gilt grandios fürs Pilgern. Auf dem Weg passiert Heilung und Wandlung. Gerade dann, wenn wir gestressten modernen Menschen mal Handy und Mails für ein paar Tage außen vor lassen und auf uns angewiesen sind – und dabei vielleicht auch Gott (→ Gott) näher kommen.

*Marcus C. Leitschuh*

## Presbyterium

Der Begriff »Presbyterium« (griech. = »Rat der Ältesten«) bezeichnet das leitende Gremium, das eine Gemeinde (→ Gemeinde) führt und Entscheidungsgewalt innehat. In lutherischen Landeskirchen wird es als »Presbyterium« bezeichnet, in anderen Landeskirchen der Evangelischen Kirche als »Kirchengemeindeleitung« oder auch »Kirchenvorstand«. Dieses Gremium wählt meist den Gemeindepfarrer und verantwortet mit ihm gemeinsam Gottesdienst (→ Gottesdienst), kirchlichen Unterricht, Seelsorge, Diakonie, Personalfragen und Finanzplanung.

In der römisch-katholischen Kirche (→ Kirche) ist es vergleichbar mit dem »Pfarrgemeinderat«, bei Freikirchen sind Presbyterier dagegen unter dem Namen »Bruderrat«, »Leiterschaft« oder auch »Älteste« bekannt – wobei das Alter selbst keine Qualifizierung darstellt.

Grundsätzlich lässt sich sagen: Diese Gruppe innerhalb einer kirchlichen Gemeinschaft bestimmt oft auch über

»Sein oder Nichtsein« anderer Gruppen, frei nach dem Motto: »Und weil mich keine Gruppe will, leg ich alle Gruppen still.«

*Volker Schmidt-Bäumler*

# Priestertum

Auf und seit dem Zweiten Vatikanischen Konzil (→ Zweites Vatikanisches Konzil) konzentriert sich die katholische (→ katholisch) Kirche (→ Kirche) nicht mehr nur auf das Amtliche und damit auf die Kleriker als die geweihten Amtsträger in der Kirche, sondern öffnet sich wieder stärker dem Wirken des Heiligen Geistes (→ Heiliger Geist) in der Kirche und damit der pneumatologisch-charismatischen Struktur und nimmt so auch die »übrigen« Glieder als mit dem Heiligen Geist Beschenkte wieder bewusster wahr.

Durch diesen Perspektivenwechsel wurde sogar erkannt, dass das Gemeinsame aller Glieder des Gottesvolkes, nämlich die Sendung im Heiligen Geist, grundlegender ist als das Unterscheidende, zum Beispiel zwischen amtlich und nichtamtlich, zwischen geweiht und nicht geweiht, zwischen Klerikern und Laien. Einen zentralen Niederschlag dieser neuen Sichtweise stellt die Lehre des Konzils über das gemeinsame und amtliche Priestertum in der dogmatischen Konstitution über die Kirche »Lumen gentium« (LG) dar: Hiernach sind nicht nur einzelne Glieder des Volkes Gottes zum Priestertum in der Kirche berufen, sondern alle Glieder. Denn kraft der Taufe (→ Taufe) werden alle Gläubigen – wie das Konzil sagt – zu »einem heiligen Priestertum geweiht«, und sind dadurch befähigt wie auch beauftragt, die göttliche Heilsbotschaft allen Menschen kundzutun.

Gemeinsames Priestertum heißt also, dass jedes einzelne Glied des Volkes Gottes (→ Gott) in, mit und durch die Taufe berufen ist, an der Sendung der Kirche mitzuwirken. Das sah schon Martin Luther (→ Luther) so – und sprach immer wieder vom »Priestertum aller Gläubigen«. Dabei gilt aber: Wie alle Gläubigen (→ Glauben) zum gemeinsamen Priestertum gehören, so sind einige darüber hinaus zum besonderen Priestertum bestellt. Dieses amtliche Priestertum hat die Aufgabe, dem gemeinsamen Priestertum aller Gläubigen Christus (→ Christus), das priesterliche Haupt des Volkes Gottes (→ Gott) und damit den eigentlichen Priester (→ Pfarrer/Priester), zu repräsentieren und zu vergegenwärtigen. Dadurch soll allen Gläubigen immer wieder neu ins Bewusstsein und in Erinnerung gehoben werden, dass die Kirche nicht einfach ein Produkt der Menschen oder der Natur ist, sondern eine Gemeinschaft eigenen Wesens, aus eigenem Grund, zu eigenem Zweck. Und Wesen, Grund und Zweck der Kirche ist einzig und allein Jesus (→ Jesus) Christus (→ Christus) mit seinem göttlichen Sendungsauftrag.

Als Augustinus einst zum Bischof bestellt wurde, kleidete er diese Tatsache in die treffenden Worte: »Mit euch bin ich Christ, für euch bin ich Bischof« (→ Bischof).

*Sabine Demel*

# Prozession

Eine Prozession ist eine Mischung aus Gebet (→ Gebet) und Demonstration. In der Kirchensprache wird im Zusammenhang mit dem singenden und betenden Laufen – oft mit dem »Allerheiligsten«, also mit geweihten Hostien oder Mariendarstellungen auf geschmückten Wagen – vom »wandernden Gottesvolk« (→ Gott) gesprochen. Christen (→ Christen/Christinnen) unterwegs: So wie das Volk Israel durch Flucht und Heimatlosigkeit unterwegs war, haben auch Christen ihre Heimat zunächst im Gottvertrauen.

»Die« Prozession gibt es aber nicht. Ihre Ausprägung variiert. Katholische (→ katholisch) Prozessionen sind sehr bunt. In Spanien gibt es zum Beispiel seltsam anmutende Umzüge wie die Osterprozession (→ Ostern) in Málaga mit lärmenden Instrumenten und Männern in langen Gewändern und spitzen Hüten, die eher an einen beängstigenden Geheimbund erinnern als an fröhliche Christen. Andernorts laufen die Gläubigen (→ Glauben) über Blütenteppiche und zertreten in wenigen Minuten aufwändige Muster und Bilder, die Ehrenamtliche stundenlang liebevoll aus Rosenblättern gelegt haben.

Es gibt aber auch Prozessionen zu Pferd. Schon ihre Titel wie »Blutritt« in Weingarten oder »Antlassritt«, »Eulogieritt«, »Kötztinger Pfingstritt« lassen die Fantasie auf Hochtouren arbeiten. Nebenbei: Auch auf dem Wasser lässt sich prozessieren. Bekannt ist beispielsweise die »Mülheimer Gottestracht« auf dem Rhein. Eine Vielzahl von

Schiffen begleitet da ein »Sakramentsschiff« (→ Sakrament) bis an die alte Stadtgrenze von Köln. Böllerschüsse begrüßen vom Ufer aus das Allerheiligste. Tja, geschossen wird auch bei den Prozessionen der Schützenfeste oder im nordhessischen Fritzlar am Vorabend der Fronleichnamsprozession beim »Katzenkopfschießen«.

Richtig skurril wird es, wenn man hört, dass es offenbar in Österreich den Brauch gab, entlang der Prozessionswege nur Roggen und Weizen anzupflanzen, da andere Arten, besonders Hafer, minderwertig und damit der Prozession unwürdig erschienen. Hört sich komisch an, sollte aber bestimmt auch ohne theologischen Grundkurs für die Gläubigen eine sinnhafte Orientierungshilfe und bildlich-symbolische Wissensvermittlung darstellen. Schlimm ist es in jedem Fall nicht, wenn gläubige Bauern die Bestellung der Felder nach Prozessionswegen ausrichten. Hauptsache das Korn konnte hinterher verkauft werden. Im Zeitalter der Aufklärung galten Prozessionen als zu prunkvoll und vom Kern der Religion ablenkend. Ganz praktische Kritik gab es zudem am hohen Holzverbrauch der Prozessionen. Besonders Birken mussten und müssen nämlich als Deko herhalten.

Ursprünge der Prozessionen finden sich schon in der Antike. Im Römischen Reich zogen die Beteiligten einer Zirkusveranstaltung mit einer »pompa circensis« werbend durch die Straße oder betrauerten so Verstorbene. Auch die Kaiser ließen es sich nicht nehmen, durch Triumphzüge (»pompa triumphalis«) ihre Macht und Beliebtheit aufzuzeigen. Reste dieses Brauchtums finden sich bei den

Konfettiparaden New Yorks oder auch bei Militärparaden. Die Waffen der Katholiken (→ katholisch) sind jedoch Gebet, Gesang und Blasmusik. Denn zu einer richtigen Prozession gehören zünftige Blasmusikkapellen. Die können ohne Strombedarf mitlaufen und am Zielort der Wallfahrt bei Erbseneintopf und Fassbier auch gleich noch zum Tanz aufspielen. Katholisch ist nicht nur bunt, sondern auch praktisch. In Kassel spielt übrigens schon seit langer Zeit ein evangelischer (→ evangelisch) Posaunenchor bei der katholischen Fronleichnamsprozession durch die Innenstadt. So weit kann aus Ermangelung eigener Bläser die Ökumene (→ Ökumene) gehen. Toll.

*Marcus C. Leitschuh*

# Psalmen

Auch wenn ältere Menschen mit dem Begriff »Psalmen« immer noch als Erstes den Satz »Der Herr ist mein Hirte« assoziieren, halten Jugendliche laut einer Straßenumfrage »Psalm« heutzutage eher für den Namen eines neuen Schokoriegels oder für den einer lettischen Punkband. Ursprünglich kommt der Begriff jedoch von dem griechischen Wort »psalmos«, das »Lied« oder »Lobgesang« bedeutet.

Im kirchlichen (→ Kirche) Sprachgebrauch ist mit einem Psalm meistens eins der 150 Kapitel aus dem biblischen (→ Bibel) Buch der Psalmen gemeint. Das Buch der Psalmen ist Teil des jüdischen Tanach, beziehungsweise des Alten Testamentes. Es handelt sich dabei um eine Zusammenstellung von 150 Psalmen, also Gebeten, Liedern und Gedichten. Auch heute noch, über zweitausend Jahre nach ihrer Entstehung, werden diese Psalmen von Juden und Christen (→ Christen/Christinnen) gleichermaßen verehrt und gebetet. Man könnte die Psalmen also ohne Übertreibung als eines der ältesten Gesangbücher der Welt bezeichnen. Ein Psalm wird dabei gerne dazu verwendet, um dem Gebetsleben (→ Gebet) geistliche Struktur zu geben. Sollte jedoch nicht mit einem »Palm« verwechselt werden (dem beliebten, mobilen, elektronischen Organizer), der gerne von allzu emsigen Managern verwendet wird, um dem profaneren Teil ihres Lebens Struktur zu verschaffen. Allerdings wird ein Psalm immer öfter von geistlichen Managern auf dem Bildschirm ihres »Palm« gelesen.

Fast die Hälfte aller Psalmen wird dem israelischen König David zugesprochen. Neben den »Davidpsalmen« gibt es noch »Asafpsalmen« und »Korachpsalmen«. Aber auch Mose oder Salomo werden als Psalmendichter genannt. Heute wird weithin angenommen, dass die hebräischen Psalmenüberschriften und deren Hinweise auf die Autoren erst zu einem späteren Zeitpunkt aus theologischen und redaktionellen Gründen über die Texte gesetzt wurden.

Die Gebete in den Psalmen beinhalten alle menschlichen Gefühlshöhen und -tiefen: Liebe und Hass, Freude und Trauer, Vertrauen und Zweifel, Staunen und Depression, Vergebung und Zorn – alles bringen die Beter wie selbstverständlich vor ihren Gott (→ Gott) und umarmen damit gleichsam ihr eigenes Menschsein. Auf poetisches

Staunen (z. B. in Psalm 139, 17–18: »*Aber wie schwer sind für mich, Gott, deine Gedanken! Wie ist ihre Summe so groß! Wollte ich sie zählen, so wären sie mehr als der Sand: Am Ende bin ich noch immer bei dir.*«), folgt wie selbstredend für uns Befremdliches (19–21: »*Ach Gott, wolltest du doch die Gottlosen töten! Dass doch die Blutgierigen von mir wichen! Denn sie reden von dir lästerlich, und deine Feinde erheben sich mit frechem Mut. Sollte ich nicht hassen, HERR, die dich hassen, und verabscheuen, die sich gegen dich erheben?*«). Jemand sagte zu der eigentümlichen Gefühlsdialektik der Psalmen mal: »Christliche Gebete sind oft zu schön, um wahr zu sein – die Psalmen sind oft zu wahr, um schön zu sein.«

*Jakob Friedrichs*

# Reformation

Am 31. Oktober 1517 stieg ein junger Mönch die Stufen zur Schlosskirche in Wittenberg empor und nagelte an die Kirchentür einige kritische Thesen zum Ablasshandel, die eine angeregte Diskussion hervorrufen sollten. Das taten sie auch. Und wie! Schon kurze Zeit später wurde überall im Land in Streitgesprächen heiß diskutiert – und als die Dominikaner den aufmüpfigen Mönch namens Martin Luther in Rom (→ Rom) wegen Ketzerei anklagten, war das Ganze nicht mehr aufzuhalten.

Denn Luther entdeckte immer mehr Dinge, die – seiner Meinung nach – in der katholischen (→ katholisch) Kirche (→ Kirche) schiefliefen. Und die vor allem nicht dem biblischen Zeugnis entsprachen: Der lateinische Gottesdienst (→ Gottesdienst) war für das Volk unverständlich, die Bibel nur wenigen Gelehrten zugänglich, die Politik des Papstes sehr weltlich und und und. Vor allem ärgerte den Querdenker, dass man sich angeblich von den Vorhöllenstrafen (→ Vorhölle) freikaufen konnte (= Ablasshandel).

Dass Luther so empfindlich auf dieses Thema reagierte, hatte auch damit zu tun, dass er selbst lange Zeit große Angst hatte, für Gott (→ Gott) nicht gut genug zu sein. Bis er im Römerbrief (→ Bibel) eine Stelle fand, die sein ganzes

Denken auf den Kopf stellte: »Der Mensch wird allein aus Glauben gerecht.« Hossa! Wenn das stimmte, dann brauchte man keinen Ablasshandel, keine Höllenangst und kein übereifriges Befolgen von Geboten (→ Gebote) mehr. Man musste Gott einfach nur lieb haben. Das war für Luther eine unfassbare Befreiung. Wir sind geliebt – auch wenn wir Fehler machen. Diese »Freiheit eines Christenmenschen« wollte der Draufgänger nun allen Menschen zugänglich machen. Und so legte er den Grundstein für eine neue Kirche, nämlich die evangelische (→ evangelisch) – und weil die Evangelischen für ihre Freiheit (→ Freiheit) protestierten, werden sie auch »Protestanten« genannt.

Bei all dem darf man nicht vergessen, dass die Gesellschaft im ausgehenden Mittelalter ohnehin stark im Umbruch war. Die Städte gewannen an Einfluss, die Fürsten wollten mehr Macht, Amerika wurde entdeckt, der Buchdruck ermöglichte die Verbreitung neuer Ideen und viele Christen (→ Christen/Christinnen) waren mit dem päpstlichen (→ Papst) Gebaren unzufrieden. Es trugen also viele Faktoren dazu bei, dass eine neue Kirche entstand. Als immer mehr Landesfürsten evangelisch wurden, kam es zum Schmalkaldischen Krieg, dem ersten interkonfessionellen, bewaffneten Konflikt der Neuzeit. Die Protestanten verloren zwar, doch Luthers Idee von der befreienden Kraft des Glaubens (→ Glauben) war nicht mehr aufzuhalten.

*Fabian Vogt*

# Rom

Deutsche Katholiken (→ katholisch) sagen gern: »Rom ist weit!« Nicht, weil sie die Hauptstadt Italiens nicht lieben würden, sondern weil dort im Vatikan (→ Vatikan) der Papst (→ Papst) wohnt und regiert. Dessen Anweisungen gelten zwar als verbindlich, werden aber nicht immer von allen willkommen geheißen. Und da kann man sich bisweilen entspannt zurücklehnen und daran denken, dass zwischen New Germany und Old Rome eben noch die dicken Alpen liegen, die irgendwie eine natürliche Grenze darstellen.

Das kulturelle Zentrum »Rom« liegt übrigens im Hügelland der Campagna Romana an einer Engstelle des Tiber-Tales. Und weil es schon vor fast 2500 Jahren das Zentrum eines riesigen Reiches war (nämlich des römischen), ist die Stadt so etwas wie ein gigantisches Museum: Ruinen aller Epochen, herrliche Kunstwerke, bezaubernde Gässchen – und eben auch schon früh Sitz des wichtigsten Bischofs (→ Bischof) der katholischen Kirche (→ Kirche).

Wer Rom noch nicht kennt, sollte sich möglichst bald mal in ein Flugzeug, die Bahn oder das Auto setzen und diese größte Schatzkammer Europas erkunden. Es lohnt sich. Und die zahllosen Kirchen zeigen, wie sehr hier schon seit langer Zeit Menschen versuchen, die Gegenwart Gottes auch architektonisch auszudrücken und erfahrbar zu machen. Und wenn er nicht gerade auf Reisen ist, zeigt sich der Papst sogar regelmäßig an einem Fensterchen und winkt. Das soll segensreich sein.

*Fabian Vogt*

# Rosenkranz

In allen Religionen gibt es Wiederholungsgebete (→ Gebet). Und eine Schnur mit Knoten oder Perlen hilft beim Zählen dieser Gebete und zur Konzentration. Im 4. Jahrhundert soll etwa der nordafrikanische Eremit Paulus zum Abzählen von Gebeten 300 kleine Steinchen bei sich getragen haben – und seit 1260 sind in Paris »Vaterunser-Macher« bekannt; sie stellen Gebetsschnüre her. Zu dieser Zeit wird auch das »Ave Maria«-Gebet populärer.

1409 formt dann ein Trierer Kartäusermönch aus der franziskanischen Leben-Jesu-Mystik (→ Jesus) 50 Gebetssätzchen, Vorläufer der heutigen »Gesätze«. Mit ihnen flechten die Betenden der Mutter Jesu einen geistlichen Rosenkranz; sie sagen ihr: Wir wollen der »Frucht deines Leibes, Jesus, näher kommen«. Lernen kann man das am besten in Gemeinschaft. Man muss sich vielleicht zuerst überwinden, weil sich das Gebet oftmals so geleiert anhört. Wer es aber regelmäßig betet, eignet sich eine Grundmelodie an, die einen in die tiefe Begegnung mit Gott (→ Gott) führen kann.

Im Übrigen hat dieses Gebet Jesus zum Mittelpunkt. In den Worten des Lukas-Evangeliums (→ Bibel) ist in diesem Gebet immer wieder von Maria die Rede: »Gegrüßet seist du, Maria, voll der Gnade, der Herr ist mit dir ...« Das sind Worte, die da wieder und wieder gesagt werden, damit sie in den Beter eindringen, wie Jesus in den Schoß seiner Mutter gekommen ist.

*Bruder Paulus Terwitte*

# Sakrament

Im Wort »Sakrament« steckt das lateinische Wort »sacrum«, was so viel wie »heilig« bedeutet. Es werden also menschliche Zeichen und Worte benutzt, damit in dieser Welt Gottes Heiligkeit wirksam wird. Während in der evangelischen (→ evangelisch) Kirche (→ Kirche) nur die Taufe und das Abendmahl als Sakramente gelten, kennt die katholische (→ katholisch) Kirche sieben Sakramente: Taufe (→ Taufe), Firmung, Eucharistie (→ Eucharistie), Buße, Ehe, Ordo (Diakonen-, Priester- und Bischofsweihe) und Krankensalbung.

In diesem kurzen Abschnitt kann man unmöglich erklären, was hinter den einzelnen Sakramenten steht. Allgemein gesagt, sind Sakramente Feiern des Glaubens. In der evangelischen Kirche steht dabei im Vordergrund, dass sie im Glauben von den einzelnen Christen empfangen werden und Jesus (→ Jesus) ihnen dabei stärkend nahekommt. Die katholische Kirche hält dagegen fest, dass Jesus selber in den Sakramenten handelt, wenn sie in der entsprechenden kirchlich festgelegten Form gefeiert werden.

Zu dieser Form gehören immer ein Zeichen und ein deutendes Wort. Meistens werden sie von einem Amtsträger gespendet im Rahmen eines Gottesdienstes (→ Gottes-

dienst). Dass es in der katholischen Kirche ausgerechnet sieben Sakramente gibt, hat sich im Lauf der Jahrhunderte so entwickelt. In der evangelischen Kirche gibt es mancherorts wieder eine Neubesinnung auf die heiligen Zeichen. So werden etwa Kranke nicht mehr nur gesegnet, sondern auch mit Öl gesalbt. Solche sichtbaren Zeichen der Nähe Gottes (→ Gott) brauchen wir Menschen einfach. Kein Wunder, denn Gott wurde in Jesus ja auch sichtbar.
*Bruder Paulus Terwitte*

## Sakropop

Es gibt verschiedene Arten von moderner Musik (→ Musik). Christliche nennt man Sakropop. Sie ist teilweise schwer auszumachen, jedoch nicht im wörtlichen Sinne.

Allerdings kann man seit Erfindung der CD Tonträger nicht mehr so leicht rückwärts laufen lassen, um eine Aufnahme auf okkulte Subtexte zu überprüfen. Diese sind bekanntlich immer in der falschen Richtung unterwegs, gewissermaßen die Geisterfahrer unter den Botschaften. In den vier letzten Jahrzehnten des zwanzigsten Jahrhunderts gab es »weiße«, mittlerweile arbeitslose Fachleute aus dem Süden der USA, die beispielsweise in Led Zeppelins »Stairway to heaven« bei entsprechender rückwärtsgewandter Abspielweise die satanische, seltsamerweise in deutscher Sprache gesprochene Botschaft »Esst mehr Schwarzbrot« zu entschlüsseln imstande waren. So leicht ist es heute nicht mehr, weiße Musik von schwarzer zu unterscheiden.

Zu erkennen ist Sakropop allerdings bei genauer Betrachtung nach wie vor an folgenden Merkmalen: am Bemühen um sinnvollen Ausdruck (»message«), welcher im Gegensatz zum okkulten Gegenstück stets sehr offensichtlich ist und keinerlei spezielle Vorkenntnisse erfordert; an einer zumeist vorsintflutlich anmutenden Instrumentierung (z. B. Westerngitarre, Bongos); den teilweise mittelalterlichen Kostümen der Interpreten (Wollpullover, Batiktuch) und an den bewusst falsch eingesetzten Bildern im Text. Hierin ist Sakropop durchaus mit dem Werk von Herbert Grönemeyer zu vergleichen (»Der Mensch ist Mensch, weil er liebt, weil er lacht!« – das allerdings tut die Hyäne auch).

Ein gutes Beispiel für misslungene Metaphernbildung im christlichen (→ Christen/Christinnen) Raum ist das berühmte Lied: »Ein Schiff, das sich Gemeinde nennt«. Fragt sich: Seit wann geben sich Schiffe selber Namen? Oder: »Herr, deine Liebe ist wie Gras und Ufer«. Nun: Der Hörer befindet sich auf diesem Ufer. Will mir dieses Lied sagen, dass Gottes (→ Gott) Liebe (→ Liebe) vom anderen ist? Gottes Liebe ist wie Gras – soll das heißen, man kann sie in der Pfeife rauchen? Da wäre ein wenig Metaphernschulung angesagt!

Sakropop wird glücklicherweise überwiegend in geschlossenen, dunklen, feuchtkalten Räumen (→ Kirche) dargeboten vor einem Publikum, das vorher mit Hörgeräten ausgestattet wurde, um diese rechtzeitig vor Beginn der Lieder ausschalten und während des Gesangs ungestört meditieren zu können. Sollte man Sakropoppern unter freiem Himmel oder in öffentlichen Räumen (→ Kirchen-

tag) begegnen, so werfe man sich auf den Boden, verschließe seine Ohrmuscheln und warte ab, bis die Gefahr vorüber ist. Anschließend ist ein heißes Bad unter Abspielen eines Live-Albums von Linkin Park zu empfehlen.
*Lutz von Rosenberg Lipinsky*

## Sonntagspflicht

Katholische (→ katholisch) Christinnen und Christen (→ Christen/Christinnen) sind gehalten, sonntags an einer Eucharistiefeier (→ Eucharistie) teilzunehmen. Diese sogenannte »Sonntagspflicht« ist keine im rechtlichen Sinn einklagbare Pflicht, sondern ein Gebot (→ Gebote), das »die innere Verpflichtung nur bewusst machen und unterstreichen will. Es will eine Hilfe zur Selbstbindung sein und deutlich machen, dass die Teilnahme an der Eucharistiefeier nicht dem Belieben des Einzelnen überlassen bleiben kann. Eine nur gesetzliche Erfüllung des Sonntagsgebotes der Kirche (→ Kirche) reicht jedoch sicher nicht aus. Sie ließe den Gottesdienst (→ Gottesdienst) kaum als ›Feier‹ erfahren, erst recht nicht als Aufforderung und Befähigung, im Leben zu verwirklichen, was im Gottesdienst gefeiert wird« (Würzburger Synode).

Diese Auffassung spiegelt sich auch im Gesetzbuch der katholischen Kirche (→ CIC) wider. Denn hier wird nicht einfach die Sonntagspflicht verordnet, sondern zunächst deren theologische Grundlage stichwortartig dargelegt (»Der Sonntag, an dem das österliche Geheimnis gefeiert wird«), und erst in einem zweiten Schritt wird daraus die

Konsequenz gezogen und normiert, dass deshalb dieser Tag »aus apostolischer Tradition in der ganzen Kirche als der gebotene ursprüngliche Feiertag zu halten« ist.

Da auch der kirchliche Gesetzgeber nicht die Augen vor dem zunehmenden Priestermangel (→ Pfarrer/Priester) verschließen kann, hat er den sonntäglichen Wortgottesdienst als eine Ausnahmeregelung für den Fall eingeführt, dass keine sonntägliche Eucharistiefeier stattfinden kann: »Wenn wegen Fehlens eines geistlichen Amtsträgers oder aus einem anderen schwerwiegenden Grund die Teilnahme an einer Eucharistiefeier unmöglich ist, wird sehr empfohlen, dass die Gläubigen an einem Wortgottesdienst teilnehmen.« Bei einem solchen Wortgottesdienst kann dann auch die Ausspendung der Kommunion erfolgen. Weil ein sonntäglicher Wortgottesdienst die sonntägliche Eucharistiefeier nicht voll ersetzen kann, wird dessen Feier zwar empfohlen, nicht aber wie die Eucharistiefeier zur Christenpflicht erklärt.

*Sabine Demel*

## Soutane

Dem Namen nach ist die Soutane ein »Unterkleid«. Im Französischen heißt »sous« schließlich »unter«. Sie wird dazu, wenn der katholische (→ katholisch) Geistliche im Gottesdienst (→ Gottesdienst) seine Albe (→ Albe) und das Messgewand darüber trägt. Ansonsten ist sie die – allerdings aus dem Straßenbild fast verschwundene – Alltagsbekleidung eines katholischen Priesters (→ Pfarrer/Priester).

Die Soutane ist bis etwa zur Hüfte tailliert geschnitten. Um den Bauch wird sie je nach Rang mit einem schwarzen, violetten oder roten Band getragen, das auch »Zingulum« genannt wird. Die Soutane darf übrigens auch von Männern getragen werden, die nicht geweihte Amtsträger sind. So ziehen Seminaristen der Priesterseminare sie an – und verschiedene katholische Ordensmitglieder wie etwa die Pallotiner oder die Brüder vom Deutschen Orden, die nicht dem Klerus angehören müssen. Man sieht auch Sakristane an bedeutenden Kirchen (→ Kirchen) wie etwa Kathedralen oder Abteikirchen und manchmal auch Chorsänger damit vollkommen rechtmäßig bekleidet. Selbst Ministranten an manchen Domkirchen tragen die Soutane: Am bekanntesten sind die Ministranten der Basilika St. Peter in Rom (→ Rom), die eine violette Soutane mit dem sogenannten Piuskragen und dem gleichfarbenen Soutanenzingulum tragen.

Für eine Soutane braucht ein Schneider 4,5 Meter Stoff. Im Winter eignet sich dafür feine Wolle, im Sommer Baumwolle. Die Soutane wird normalerweise von vier Näherinnen in zwanzig Stunden hergestellt. Sie hat in der Regel dreißig Knöpfe, die in Knopflöcher geknöpft werden, die farblich angepasst werden – je nach dem Rang, in den der Geistliche als Prälat, Monsignore oder Ehrendomherr aufsteigt. Scherzhaft wird das dann als Knopflochentzündung bezeichnet.

*Bruder Paulus Terwitte*

# Soziallehre

Dass die Kirchen (→ Kirche) sich als Institutionen für soziale Gerechtigkeit einsetzen, ist keineswegs selbstverständlich und im Lauf der Geschichte auch nicht immer so gewesen – vor allem dann nicht, wenn sie über viel politische Macht verfügten. Andererseits haben sich viele Christen (→ Christen/Christinnen) an der Basis immer auch sozial engagiert, schließlich stand ja Jesus (→ Jesus) selbst eher auf der Seite der Armen und Machtlosen als auf der Seite der Reichen und Mächtigen.

Im 19. Jahrhundert geriet die Gesellschaft durch die industrielle Revolution und den ungezügelten Kapitalismus aber derart aus den Fugen, dass das Engagement im Kleinen nicht mehr ausreichte. Die Kirchen sahen sich gezwungen, völlig neue Strukturen zu entwickeln. So initiierte der evangelische (→ evangelisch) Pfarrer (→ Pfarrer/Priester) Johann Hinrich Wichern im Jahr 1848 mit einer flammenden Rede die Gründung der »Inneren Mission«, aus der später das »Diakonische Werk« hervorging. Die katholische (→ katholisch) Kirche zog zwar erst ein halbes Jahrhundert später mit der Gründung des Caritasverbandes nach, konnte aber schließlich die Protestanten überholen. Mittlerweile beschäftigt die Caritas hierzulande rund eine halbe Million Menschen und ist damit der größte private Arbeitgeber in Deutschland, dicht gefolgt von seinem protestantischen Gegenstück (→ Reformation).

Einen wesentlichen Anstoß für diese Entwicklung gab die Enzyklika »Rerum novarum« von Papst Leo XIII.

(→ Papst) aus dem Jahr 1891. Ihr folgten – über hundert Jahre verteilt – noch weitere sieben Sozialenzykliken. Sie skizzieren ein klares Bild einer vernünftigen Gesellschaftsordnung: Diese soll sich an den Basis-Prinzipien »Personalität« (Vorrang des Individuums vor dem System), »Solidarität« (gegenseitige Hilfeleistung) und »Subsidiarität« (Vorrang der kleinen Struktur vor der großen) ausrichten. In diesem System entlastet die Kirche mit ihren Hilfsorganisationen den Staat, indem sie wichtige gesellschaftliche Aufgaben als privater Träger übernimmt. Hinzu kamen später noch weitere Prinzipien: »Gemeinwohl«, »Gerechtigkeit«, »Nachhaltigkeit« und »Option für die Armen«. Ganz schön fortschrittlich für eine Kirche, die noch vor hundert Jahren mehrheitlich dem Kaiser treu war.
*Martin Schultheiß*

# Ständiger Diakon

»Diakon« heißt auf Deutsch »Diener« oder »Helfer«. Gemeindemitglieder, die bei den ersten (→ Urchristen) Christen (→ Christen/Christinnen) diesen Dienst übernahmen, wurden »Diakone« genannt. In der römisch-katholischen (→ katholisch) Kirche (→ Kirche) wurde mit dem Zweiten Vatikanischen Konzil (→ Zweites Vatikanisches Konzil) das »Ständige Diakonat« wieder eingeführt, denn zuletzt galt der Diakon nur als Vorstufe zum Priesteramt.

Seit dem Konzil gibt es nun wieder Männer, die entweder als Diakon unverheiratet bleiben und gar nicht Priester werden wollen oder aber Familie und Kinder haben und »trotzdem« zu »Ständigen Diakonen« geweiht werden können. Für Letztere gilt dann auch kein Zölibat (→ Zölibat). Katholisch ist ja alles geregelt, deshalb werden sie für die Dauer der Ehe von dieser Form der Enthaltsamkeit »freigestellt«.

Wer sich so einen Dienst in der Kirche vorstellen kann, muss mindestens 25 Jahre (für ehelose Kandidaten) beziehungsweise 35 Jahre (bei Verheirateten) alt sein. Einer der bekanntesten »Ständigen Diakone« ist übrigens Willibert Pauels, besser bekannt als »Ne Bergische Jung« aus dem Köllner Karneval. Er beschreibt die Rechte und Pflichten seines Jobs treffend so, dass man durch den Wegfall des Zölibats viele spannende Sachen machen darf, die einem Priester verwehrt sind – umgedreht darf man aber andere spannende Dinge nicht, wie die Beichte hören oder Eucharistie feiern.

Im Gottesdienst (→ Gottesdienst) erkennt man den »Ständigen Diakon«, weil er ein weißes Gewand mit einer quer getragenen Stola trägt. Eine seiner liturgischen Aufgaben ist das Vortragen des Evangeliums (→ Evangelium), manchmal auch der Predigtdienst. Diakone spenden auch die Taufe (→ Taufe) und feiern mit Brautpaaren Hochzeit oder sie beerdigen. Zu ihren Hauptaufgaben gehört aber weiterhin der diakonisch-soziale Dienst. Der Kirche tun Diakone in jedem Fall gut. Auch in der reformierten Tradition gibt es die Diakone, allerdings verbirgt sich dahinter kein Weiheamt, sondern eine diakonische Tätigkeit in der Gemeinde und die damit verbundene Ausbildung.

*Marcus C. Leitschuh*

# Sternsinger ➔ Dreikönig

# Sünde

Ich stehe mit einem weithin lesbaren Plakat auf der Straße: »Wenn Sie wissen wollen, wer ich bin, öffnen Sie mein Jackett.« Auf der Innenseite meines aufgeknöpften (!) Jacketts befestige ich mit einer Sicherheitsnadel einen kleinen Zettel mit der Aufschrift: »Ein Sünder...« Eine sehr interessante Aktion.

Neulich ergab sich zum Beispiel folgendes Gespräch:

*»Darf ich mal gucken?«*

»Gerne, deshalb stehe ich ja hier!«

*»Wie, Sie sind Sünder, was haben Sie denn gemacht?«*

»Muss ich was gemacht haben, um Sünder zu sein?«

*»Ja natürlich, sonst wären Sie doch keiner!«*

»Nein, man muss doch nichts getan haben, um Sünder zu sein!«

*»Wieso nicht?«*

»Was muss ich denn getan haben, um Franzose zu sein?«

*»Worauf wollen Sie hinaus?«*

»Ich kann doch nichts dafür tun, dass ich als Franzose geboren werde. Ein zwei Tage altes französisches Baby kann noch kein Wort französisch, war noch nie auf dem Eiffelturm, hat noch keinen französischen Rotwein getrunken, ist aber schon voll Franzose.«

*»Und was hat das jetzt mit Ihrer Aktion zu tun?«*

Nehmen Sie doch mal das Beispiel und übertragen Sie das auf Sünde. Ein zwei Tage altes Baby hat noch keine Steuern hinterzogen, zu niemandem »Arschloch« gesagt, keinem vors Schienbein getreten, ist aber (theologisch gesehen) schon voll Sünder. Sünde ist nämlich gar keine Tätigkeit. Das Wort in seiner ursprünglichen Bedeutung beschreibt einen Zustand: Ich bin getrennt von Gott (→ Gott). Das kann ich nicht tun. Sünde ist kein Verb. Ich kann ja auch nicht franzosen. Das, was wir »Sünde« nennen, ist eher die Auswirkung der Sünde. Nebenbei: Es gibt in den neuen Bundesländern einen Ort, oben an der Ostsee, der ist Ihnen sicher bekannt – Stralsund. Da kommt das Wort »Sund« vor, was so viel heißt wie »vom Festland getrennt«. Wir Menschen sind von Gott getrennt, leben auf unserer kleinen Insel, und daraus resultiert dann das, was wir eigentlich immer »Sünde« nennen. Glauben heißt: Vertrauen und annehmen, dass Gott all das, was uns von ihm trennt, durch Jesus (→ Jesus) selbst überwunden hat (→ Kreuzigung).

*Arno Backhaus*

# Tabernakel

Der Tabernakel ist vielleicht einer der katholischsten (→ katholisch) Orte in einer katholischen Kirche (→ Kirche). Nirgends sonst wird der Unterschied zur evangelischen (→ evangelisch) Tradition so sichtbar. »Tabernakel« ist die Bezeichnung für den Aufbewahrungsort der in der heiligen Messe (→ Messe) gewandelten Hostien, die nach katholischem Glauben (→ Glauben) Leib Christi (→ Christus) geworden sind und bleiben. Deshalb kann man sie nicht einfach wegschmeißen, wenn mehr Hostien geweiht wurden, als Gottesdienstbesucher anwesend waren (→ Abendmahl).

Der Name »Tabernakel« bezieht sich auf das biblische (→ Bibel) Offenbarungszelt (die Stiftshütte), lateinisch »tabernaculum testimonii«. An diesem Ort wurden die beiden Tafeln mit den von Mose eingemeißelten 10 Geboten (→ Gebote) aufbewahrt. Dieses Allerheiligste der Juden wurde von den Christen (→ Christen/Christinnen) durch ihr Allerheiligstes ersetzt, die geweihten Hostien, die Vergegenwärtigung Jesu (→ Jesus). Heute steht der Tabernakel aus Stein oder Metall in der Nähe des Altares (→ Altar) oder in einer Seitenkapelle.

1957 wurde festgeschrieben, dass eine Kerze in einem

roten Plastikgefäß, das sogenannte »Ewige Licht«, am Tabernakel die Aufbewahrung der Eucharistie (→ Eucharistie) anzeigen soll. Wie eine Ampel zeigt es »Achtung, Jesus ist da«. Der ist eigentlich immer und überall, aber wir Menschen brauchen Symbole und Zeichen. Wir wissen auch ohne Ampel, dass von rechts jemand kommen kann, auf das Signal verzichten wollen wir dennoch nicht. Manchmal brauchen wir halt eine hilfreiche Gedankenstütze.

*Marcus C. Leitschuh*

## Talar

Für festliche Akte hat es sich in vielen Ländern eingebürgert, dass die Respektspersonen feierliche Roben tragen, insbesondere Geistliche (→ Pfarrer/Priester), Juristen und Professoren. Die orthodoxen Priester treiben es dabei am buntesten: Ihre farbenprächtigen, reich verzierten Gewänder tragen so exotische Namen wie »Sticharion« oder »Epitrachelion«. Die katholischen (→ katholisch) Priester verwenden bei Messen dagegen als Basiskleidung ein (natur-)weißes Gewand, die sogenannte Albe (→ Albe), die dann noch mit Stola und allerlei anderen Accessoires verziert wird. Dabei sind zahlreiche Variationen möglich und auch die »Minis« (→ Ministranten) tragen meistens eine Albe oder einen (gelegentlich auch farbigen) Talar mit weißem Chorhemd.

Diese bunte Vielfalt war den Protestanten (→ Reformation) ein Dorn im Auge, sie wollten es schlichter, obwohl Martin Luther (→ Luther) selbst sich bis zuletzt bei Abendmahlsfeiern (→ Abendmahl) mit Albe, Stola und Messgewand schmückte. Bei der Predigt trug er jedoch den damals unter Professoren üblichen schwarzen Talar. Und genau diesen verordnete der Preußenkönig Friedrich Wilhelm III. im Jahr 1811 all seinen Professoren, Richtern, Pfarrern, Rabbinern und den königlichen Beamten.

Der Talar ist also kein religiöses Gewand, sondern eine Amtstracht im Stil der damaligen Zeit. Und damit nicht alle paar Jahre in puncto Mode eine neue Sau durchs Dorf getrieben wird, wurde der »Schwarzkittel« Pflicht. Das ist bis heute so geblieben, weil der schwarze Talar mittlerweile zum Markenzeichen des evangelischen (→ evangelisch) Pfarrers geworden ist.

Sogar das Beffchen (→ Beffchen), jenes Lätzchen, das ursprünglich einmal den Talar gegen das Verschmutzen und Zerkratzen durch wallende, gepuderte Bärte schützte, hat sich erhalten – ganz wichtig vor allem für Frauen auf der Kanzel. Und in Norddeutschland hält sich hartnäckig die weiße Halskrause, in Fachkreisen auch »Mühlsteinkragen« genannt. Man darf gespannt sein, ob es wirklich bei diesen Traditionen bleibt. Einerseits ist die Albe mittlerweile immer häufiger bei Protestanten zu sehen und andererseits kommen viele Freikirchen auch ohne Talar wunderbar zurecht – so wie die frühe Christenheit in den ersten drei Jahrhunderten (→ Urchristen).

*Martin Schultheiß*

# Taufe

Während bei Schiffen und Glocken (→ Glocken) die »Taufe« nur eine feierliche Namensvergabe ist, markiert die christliche (→ Christen/Christinnen) Taufe bei den meisten Konfessionen die formelle Aufnahme in eine christliche Gemeinschaft.

Ursprünglich war die Taufe ein schon in vorchristlicher Zeit bekanntes Reinigungsritual (das griechische Wort »baptizein« bedeutet »eintauchen«). In den Anfängen des Christentums ließen sich Menschen taufen, um ihre Abkehr vom alten Leben und ihre Hinwendung zu Jesus (→ Jesus) symbolisch darzustellen und öffentlich zu bekennen. Damit waren sie in die Gemeinschaft der Christen aufgenommen. Da eine christliche Lebensweise aber immer nur im Zusammenhang mit der Hausgemeinschaft praktiziert werden konnte, ließ sich der Neubekehrte (→ Bekehrung) häufig »mit seinem ganzen Hause« taufen, also inklusive aller Familienmitglieder und Hausangestellten. Mit der flächendeckenden Ausbreitung des Christentums bekam damit die Taufe im Lauf der Zeit eine völlig andere Bedeutung: Heute steht bei den großen Kirchen nicht die bewusste Entscheidung für Jesus im Vordergrund, sondern der Zuspruch Gottes (→ Gott).

Einigen Freikirchen, allen voran den Baptisten, behagt diese Entwicklung gar nicht und sie bestehen darauf, dass nur diejenigen getauft werden, die das auch selbst wollen und deren Aufrichtigkeit von Zeugen bestätigt werden kann. Konsequenterweise werden ihre Täuflinge auch nicht nur symbolisch mit Wasser übergossen oder besprengt, sondern sie nehmen ein richtiges Vollbad. Die Kindstaufe wird nicht anerkannt. Umgekehrt ist für einen strengen Lutheraner (→ Luther) die »Wiedertaufe« ein Gräuel, denn getauft ist getauft. Und für Pfingstler (→ Pfingsten) und Charismatiker ist die Wassertaufe ohnehin nur ein Zwischenschritt auf dem Weg zur »Taufe mit dem Heiligen Geist«. Diese haben übrigens die Katholiken (→ katholisch) ganz automatisch bei der Firmung, wenn auch eher symbolisch.

Ob Gott selbst in dieser theologischen Diskussion schon eindeutig Stellung bezogen hat, ist nicht klar belegt. Mir persönlich sind jedoch Personen bekannt, die eine Wiedertaufe ohne göttliches Strafgericht überstanden haben.

*Martin Schultheiß*

# Totenwache

Wenn ein Mensch stirbt, sehen wir von ihm nur noch den toten Körper. Für Christen (→ Christen/Christinnen) ist klar, dass dieser Körper ein Tempel des Heiligen Geistes (→ Heiliger Geist) war, durch den Gott (→ Gott) diesen Menschen geschaffen hatte. Darin hat sich die Person des Menschen auf Erden bewegt. Dieser Körper hat ihn geprägt. Und im Tod nimmt jeder alle diese Prägungen, die ihn ja ausmachen, mit auf den Weg zur Vollendung bei Gott. Deswegen versammeln sich die Christen gern bei ihren Verstorbenen. Sie beten für sie, dass sie vor Gottes Angesicht kommen dürfen.

In einem alten Gebet (→ Gebet) heißt es: »Zum Paradies mögen Engel dich geleiten, die heiligen Märtyrer dich begrüßen und dich führen in die heilige Stadt Jerusalem.« Mit dem Gebet beim Verstorbenen unterstützt man ihn, bei Gott einen gnädigen Richter zu finden. Dieser Gedanke ist der evangelischen (→ evangelisch) Christenheit nicht mehr geläufig; man geht dort eher davon aus, dass man für den Einzelnen nach seinem Tod nicht mehr viel tun kann. Deswegen sind die Totenwachen für evangelische Christen eher Troststunden. Und der Leichnam wird mancherorts, wie man sagt, »ausgesegnet«: Er wird noch einmal geehrt. Aber weitere Gebete für den Verstorbenen selber werden nicht verrichtet.

Bei katholischen (→ katholisch) Christen ist die Segnung des Leichnams auch Tradition, mit Weihwasser und Weihrauch, und es kommt dann früher oder später das berühmteste Gebet bei der Totenwache zum Tragen: »Herr, gib unserem verstorbenen Bruder/unserer verstorbenen Schwester die ewige Ruhe. Und das ewige Licht leuchte ihm/ihr. Herr, lass ihn/sie ruhen in Frieden. Amen.«

*Bruder Paulus Terwitte*

## Tradition

Tradition im christlichen Sinn ist die göttliche Offenbarung bzw. die Überlieferung der göttlichen Wahrheit, wie sie in Wort und Tat Jesu Christi offenbart worden ist, letztendlich Jesus Christus selbst. Das »Überlieferungsgut« Jesus Christus gilt es lebendig zu erhalten und zugleich vor Verfälschungen zu schützen. Diese Aufgabe kommt genuin den von Christus berufenen Aposteln zu. Denn sie sind die Erstzeugen, d. h. die Augen- und Ohrenzeugen der Botschaft Jesu Christi. In der Auseinandersetzung mit Irrlehrern entwickelt sich daraus im 2./3. Jahrhundert die Lehre und Institution von der sogenannten Amtsnachfolge (Sukzession, Amtssukzession).

Das Zweite Vatikanische Konzil hat im Hinblick auf das Traditionsverständnis der katholischen Kirche vor allem drei Aspekte betont: 1. Tradition ist in ihrem ursprünglichen Wesen nicht eine Summe von Sätzen, sondern das Bleiben der Offenbarung Gottes; denn Gott teilt nicht fertige Sätze mit, sondern sich selber als das Heil der Menschen. 2. Die Tradition ist nicht nur zu bewahren, sondern auch zu entfalten und lebendig zu vergegenwärtigen (= Inkulturation). 3. Dafür sind nicht nur die Bischöfe verantwortlich, sondern das gesamte Volk Gottes im Zusammenspiel des Glaubenssinnes aller Glaubenden, der Erkenntnisse der wissenschaftlichen Theologie und der lehramtlichen Festlegungen.

*Sabine Demel*

# Transzendenz

Das Wort kommt aus dem Lateinischen und bedeutet das »Übersteigende«. Damit ist nun keineswegs gemeint, dass so manches kirchliche (→ Kirche) Amt die Kompetenz des Amtsinhabers übersteigt, sondern es geht um das, was jenseits bestimmter Beschränkungen des Denkens und Empfindens liegt. Nicht nur Philosophie und Religion, auch die Mathematik nutzt diesen Begriff und kennt transzendente Zahlen, Funktionen, Gleichungen und Elemente.

Wo der Begriff »Transzendenz« auftaucht, sorgt er nicht selten für Verwirrung und erzeugt entweder Kopfschütteln oder Bewunderung. So spricht Karl Jaspers von der »eigentlichen Transzendenz«, die er auch die »Transzendenz aller Transzendenzen« oder das »Umgreifende des Umgreifenden« nennt. Mit solchen Wortgebilden lässt sich das Unerklärliche leicht ins Unverständliche übersetzen.

Einfacher lässt sich der Begriff als Fremdwort für »Jenseits« handhaben, im Gegensatz zur »Immanenz«, dem »Diesseits«. Damit ist scheinbar nichts gewonnen, jedoch steckt in dem Wort »Transzendenz« eine Tätigkeit, nämlich das Übersteigen oder Überschreiten von Grenzen und Beschränkungen. Damit wird die Grenze zwischen Diesseits und Jenseits durchlässig. Hält man sich diese Wortbedeutung vor Augen, geht es beim Reden von der Transzendenz nicht so sehr um die Anerkennung einer wie auch immer gearteten jenseitigen Welt, sondern um die Sehnsucht, die Enge des Diesseits aufzubrechen und sich auf die Suche nach neuen Ufern zu machen.

*Martin Schultheiß*

# Unfehlbarkeit

»Alles, was der Papst (→ Papst) sagt, ist unfehlbar und muss von den Katholikinnen und Katholiken (→ katholisch) sofort umgesetzt werden!« Das denken viele. Ist aber falsch! In der katholischen Kirche (→ Kirche) ist die »Unfehlbarkeit« gleichbedeutend mit »Irrtumslosigkeit« und »Letztverbindlichkeit«. Der Anspruch der Unfehlbarkeit bezieht sich dabei nicht auf alle möglichen Bereiche der Kirche, sondern ist strikt auf den Bereich der (Lehr-)Verkündigung eingeschränkt, und auch hier nicht auf alle möglichen, sondern nur auf ganz bestimmte Lehren, sprich: In bestimmten Situationen kann in der katholischen Kirche die höchste kirchliche Autorität (Papst und Bischofskollegium) eine Lehre vorlegen und diese für unfehlbar erklären.

Mit einer unfehlbaren Lehrentscheidung wird nicht mehr und nicht weniger zum Ausdruck gebracht, als dass diese Lehrentscheidung letztverbindlich ist. Auch die umgangssprachliche Redeweise von der »Unfehlbarkeit des Papstes« meint nicht, dass die Person des Papstes unfehlbar sei, sondern umschreibt die Tatsache, dass die Lehrverkündigung des Papstes unter bestimmten Umständen unfehlbar, also letztverbindlich und irrtumslos ist. Damit ist zugleich im Umkehrschluss gesagt, dass nicht jede Lehrverkündigung des Papstes unfehlbar ist, sondern nur jene, die ganz bestimmte Kriterien erfüllt.

Die theologische Grundlage für die Rechtsfigur der unfehlbaren Lehrentscheidung ist die biblisch (→ Bibel) überlieferte Verheißung an die Kirche, dass sie der Heilige Geist (→ Heiliger Geist) in der Wahrheit halten wird. Wenn nämlich dem Volk Gottes als Ganzem verheißen ist, dass die Kirche durch den Geist Gottes grundsätzlich in der Wahrheit erhalten wird, dass also der heilige-heilende Geist die Unverirrlichkeit des Gottesvolkes garantiert, dann muss es für den Konfliktfall eine Instanz geben, der die letztverantwortliche Lehrautorität zukommt, festzustellen, was Konsens der Kirche ist.

Vor einer unfehlbaren Lehrentscheidung des Papstes muss ein Konsultationsprozess des ganzen Volkes Gottes stattfinden, dessen Ergebnisse über die repräsentativen Vertretungsorgane bis zur höchsten Lehrautorität gelangen. Was nach diesem Wahrheitsfindungsprozess festgestellt wird, ist dann der Konsens der Kirche, kann also nicht nochmals hinterfragt werden. Im Gesetzbuch der katholischen Kirche (→ CIC) sind klar die Kriterien für eine unfehlbare Lehrentscheidung festgelegt: Erstens kann eine unfehlbare Lehrentscheidung nur der Papst persönlich vornehmen (= sogenannte »Ex-cathedra-Entscheidung«, vom päpstlichen Stuhl aus, der das Lehr- und Leitungsamt des Papstes symbolisiert) oder das Bischofskollegium zusammen mit dem Papst, und zwar entweder auf einem »Ökumenischen Konzil« oder durch eine gemeinsame Übereinkunft, dass eine Aussage als endgültig verbindlich zu gelten hat. Zweitens sind solche Lehrentscheidungen nur dann unfehlbar, wenn bei ihrer Verkündigung bestimmte Kriterien inhaltlicher und formaler Art exakt eingehalten worden sind. So muss der Papst (oder das Bischofskollegium) erstens seine höchste Autorität in der Kirche in Anspruch nehmen und zweitens darf es sich nur um eine geoffenbarte oder zum Verständnis der Offenbarung notwendige Glaubens- und Sittenlehre handeln, die drittens durch die Art und Weise der Verkündigung eindeutig als unfehlbare Lehre qualifiziert wird. Sofern der Papst persönlich die Unfehlbarkeit einer Lehrverkündigung in Anspruch nimmt, ist noch ein weiteres viertes Kriterium zu beachten, nämlich die Erklärung, dass er dies zur Stärkung seiner Brüder (und Schwestern) im Glauben tut.

*Sabine Demel*

# Urbi et orbi

Wenn der Segen »Urbi et orbi« am ersten Weihnachts- (→ Weihnachten) oder Osterfeiertag (→ Ostern) aus Rom (→ Rom) übertragen wurde, saßen wir meist bei meinen Großeltern. Es gab dann jedes Mal Kasseler-Braten, Kartoffeln und Sauerkraut. Es war auch das einzige Mal im Jahr, dass beim Essen die Mattscheibe laufen durfte. Aber der Segensspender war ja auch niemand Geringeres als der Papst (→ Papst) aus der Loggia über den Portalen des Petersdomes.

Besonders gebannt warteten wir vor dem eigentlichen Segen auf die Festtagswünsche in verschiedenen Sprachen. Sei es die Neugier, was »Frohe Weihnachten« auf Mazedonisch heißt, oder die Erkenntnis, dass es auch in der Türkei Christen gibt und der Papst sie deshalb ebenfalls erwähnte. Die Worte »Urbi et Orbi« (lat. = »der Stadt und dem Erdkreis«) entwickelten sich aus dem alten römischen Reichsbewusstsein. Deutlich werden sollte, dass der Papst Bischof von Rom und auch das Oberhaupt der weltweiten Kirche (→ Kirche) ist.

Noch aufregender wurde es vor dem Segen, wenn ein Sprecher des Papstes mit den traditionellen Worten Ablauf und Sinn des Segens erklärte und darauf der Hinweis kam, dass durch das Hören, auch an den Fernseh- und Radiostationen, ein vollständiger Nachlass aller »zeitlicher Sündenstrafen« (→ Sünde) verbunden sei. Was für Protestanten (→ Reformation) wie das tiefste Mittelalter klingt, bedeutete für mich als Kind, dass ein alter Segen im Medienzeitalter angekommen ist, wenn er sogar über den Röhrenbildschirm »wirkt«. Seit 1995 ist der Segen übrigens offiziell auch über Internet gültig.

*Marcus C. Leitschuh*

## Urchristen

Was für eine herrliche Vision: Die allerersten Christen (→ Christen/Christinnen) waren noch nicht zerstritten und in verschiedene Lager gespalten, sondern »einmütig beieinander – und hatten alle Dinge gemeinsam« (Apostelgeschichte) (→ Bibel). Kein Streit, nur Harmonie und eine romantische Form des Frühkommunismus haben, glaubt man der Darstellung des Lukas, das Leben der Urchristen geprägt.

Doch der Schein trügt. In seiner Vision orientiert Lukas sich an Idealvorstellungen. Aber zwischen den Zeilen wird erkennbar: Diesen Idealen hat die Realität schon damals hinterhergehinkt. Streit zwischen einzelnen Fraktionen gab es von Anfang an. Und deshalb darf man, streng genommen, auch gar nicht von dem einen Urchristentum reden. Denn die Formen des christlichen Glaubens (→ Glauben) waren immer schon bunt und verschieden.

Als gesichert gilt immerhin, dass die ersten Christen in der unmittelbaren Erwartung der Endzeit, also der Wiederkunft Christi (»Parusie«) (→ Christus) lebten. Um vorher noch so viele Menschen wie möglich zu »retten«, entwickelte sich schnell eine rege missionarische (→ Mission) Tätigkeit. Allerdings blieb die Mission zunächst auf jüdische Volksgenossen beschränkt. Deshalb wurden diese Missionare von außen auch noch als innerjüdische Sekte wahrgenommen.

Bei allem missionarischen Eifer sorgte innerhalb der Jerusalemer Gemeinde (→ Gemeinde) aber schon die Aufteilung in eine aramäisch sprechende (die »Hebräer«) und eine griechisch sprechende (die »Hellenisten«) Gruppe für Spannungen. Zwischen den beiden Flügeln kam es denn auch zu einem erbitterten Streit. Grund dafür war die Frage nach den jüdischen Kultgesetzen: Müssen diese angesichts der Erlösung durch Christus noch befolgt werden oder nicht? Unfein endete der Streit mit der Vertreibung der Hellenisten aus Jerusalem.

Was zunächst aussieht wie eine Katastrophe, war aber wohl eher ein Glücksfall für die Kirche (→ Kirche): Einige der ersten Christen mussten Jerusalem verlassen und ihren Glauben in anderen Gegenden weiterpflegen. Das aber führte letztlich zur Ausbreitung des neuen Glaubens über die Grenzen der Stadt hinaus. Nun wurde der christliche Glaube in Antiochia in Syrien und anderen wichtigen Städten erstmals als eigenständige Größe wahrgenommen, deren Anhänger man von da an als »Christen« bezeichnete.

Spätestens mit der Reformation (→ Reformation) kam die auch jetzt noch beliebte Frage auf, wie man denn zur urchristlichen Einheit und zur unverfälschten Lehre der ersten Tage zurückkehren könne. Aber die gesuchte einheitliche Ursprünglichkeit hat es in Wirklichkeit nie gegeben. Christen haben ihren Glauben schon immer in pluralen Formen gelebt. Nicht zuletzt deshalb sollten es sich die Kirchen von heute auch gönnen, in einer gewissen Buntheit aufzutreten. Aber mit ein bisschen mehr Harmonie, bitte schön.

*Ingo Schütz*

# Vaterunser

*Vater unser im Himmel,*
*geheiligt werde dein Name.*
*Dein Reich komme.*
*Dein Wille geschehe,*
*wie im Himmel so auf Erden.*
*Unser tägliches Brot gib uns heute.*
*Und vergib uns unsere Schuld,*
*wie auch wir vergeben unsern Schuldigern.*
*Und führe uns nicht in Versuchung,*
*sondern erlöse uns von dem Bösen.*
*Denn dein ist das Reich und die Kraft*
*und die Herrlichkeit in Ewigkeit. Amen.*

»Voilà«, sagte Jesus (→ Jesus), »wenn ihr wissen wollt, wie man mit Gott (→ Gott) redet, dann sage ich es euch. Betet dieses Gebet (→ Gebet).« Das Vaterunser ist, weil Jesus es selbst empfiehlt, zum wichtigsten Gebet der Christenheit geworden. Zu einem Gebet, das eigentlich in allen Gottesdiensten (→ Gottesdienst) gesprochen wird und das die Christen (→ Christen/Christinnen) aller Völker und Konfessionen verbindet.

Wenn man das Vaterunser durchgeht, sieht man außerdem, worauf Jesus besonderen Wert legt: Auf die Gemeinschaft (»unser« Vater), auf die Hoffnung, dass die Wirklichkeit Gottes die Welt durchdringt, auf die Versorgung des Körpers und der Seele und auf die Bitte um Bewahrung. Insofern ist das Vaterunser so etwas wie ein Mustergebet, ein Modell, an dem man sich bei den eigenen Gebeten orientieren kann.

Für die Christinnen und Christen gilt deshalb weiterhin, dass sie eingeladen sind, mit Gott ganz persönlich zu sprechen – mit dem Gott, den Jesus mit »Abba« anredet, was so viel wie »Papa« bedeutet. Die Beziehung zu Gott darf also intim sein, herzlich, zärtlich, eng und voller Vertrauen.

Ob und wie Gott antwortet, das erlebt dabei jeder Mensch anders. Mancher auch erst im Rückblick. Das macht aber nichts. Wer betet, erfährt, dass das Gebet ihn selbst verändert. Dass es beruhigt. Entspannt. Und stärkt. Vielleicht, weil es uns immer wieder bewusst macht, dass wir nicht allein sind, dass wir eingebunden sind in die große Geschichte Gottes mit der Welt.

*Fabian Vogt*

## Vatikan

Der unabhängige Staat »Vatikanstadt« ist seit 1929 anerkannt, nachdem es 1870 zur Aufhebung des Kirchenstaates (→ Kirche) gekommen war, dessen Gründung auf das Jahr 756 datiert wird. Er umfasst die Fläche von einem Quadratkilometer auf dem Vatikanischen Hügel, einer etwa 75 Meter hohe Anhöhe in der Nähe des rechten Tiberufers in Rom (→ Rom).

Mit dem Vatikan ist zugleich auch der »Heilige Stuhl« gemeint, ein nichtstaatliches »Völkerrechtssubjekt«, bestehend aus dem Amt des Papstes (→ Papst) und seinen Dienststellen. »Heiliger Stuhl« deshalb, weil die sogenannte »Kathedra Petri«, der Lehrstuhl des heiligen Petrus, dort gestanden haben soll, als dessen Nachfolger ja die jeweiligen Bischöfe von Rom gesehen werden.

Tatsache ist jedenfalls, dass der Vatikan die Zentralbehörde des Papstes ist. Die etwa 900 Einwohner dieses kleinsten Landes der Welt haben wohl auch die effektivste Verwaltung der Welt, wenn man bedenkt, mit wie vielen Staaten der Vatikan diplomatische Beziehungen unterhält und über welche Fragen der Weltpolitik man dort informiert ist. Es gibt sogar einen eigenen Bahnhof auf dem Gelände und mittlerweile auch ein Hotel, in dem man nicht schlecht wohnt.

Wenngleich sich manche Katholiken (→ katholisch) ärgern, wie reich der Vatikan ist: Der Vatikan bringt kaum die Gelder auf, die für die Erhaltung der Kunstschätze nötig sind, die von zwei Jahrtausenden ununterbrochener Geschichte der Nachfolger des heiligen Petrus zeugen. Dass sich der Vatikan im Herzen Italiens befindet, führt zu der berühmten »Romanità«, dem eher pragmatischen Umgang mit strengen Vorschriften und Verweisen, für die »der Vatikan« ja auch berühmt ist. So lautet denn ein Sprichwort: »Im Vatikan werden die Gesetze gemacht und in Deutschland werden sie gehalten.«

*Bruder Paulus Terwitte*

# Vorhölle

Um es vorwegzunehmen – in der Vorhölle lodert nicht das Fegefeuer (→ Fegefeuer). Während Letzteres zum Bereich des Himmels gehört, bezeichnet die »Vorhölle« einen Ort, der nicht Teil des Himmels ist, aber auch noch nicht ganz die Hölle (→ Himmel und Hölle). Eben ein Randgebiet zwischen den beiden Feldern, weshalb man sie gerne auch den »Limbus« (lat. = »Rand«) nennt. Und das klingt ja schon wesentlich freundlicher.

Zur Erfindung dieses Limbus führte eine Verlegenheit, die sich aus der augustinischen Lehre von der Erbsünde (→ Sünde) ergab: Wenn jeder Mensch unter dieser Sünde leidet, die erst durch die Taufe (→ Taufe) getilgt wird, was passiert dann mit kleinen Kindern, die vor ihrer Taufe sterben? Kommen die in den Himmel? Das ging nicht, weil es die Taufe und letztlich die Heilsbedeutung Christi (→ Christus) schmälern würde. Kommen sie in die Hölle? Das ging natürlich auch nicht, schließlich haben die armen Kinder ja selbst eigentlich noch gar keine Schuld auf sich geladen. Als Lösung setzte sich seit dem 13. Jahrhundert die Lehre von der Vorhölle durch. Dort sollten sich die Seelen sammeln, die weder Einwohner des Himmels noch der Hölle werden. Ihr Zustand sollte der einer ewigen natürlichen Glückseligkeit sein, ohne dass sie allerdings volle Gottesgemeinschaft hätten.

Klingt nach wilder Spekulation? Ist es auch. Für die Vorhölle gibt es nämlich keinerlei biblische (→ Bibel) Belege. Deshalb wurde diese Lehre nie Teil der offiziellen Doktrin der katholischen (→ katholisch) Kirche (→ Kirche). So richtig dagegen vorgehen wollte man aber auch lange nicht. Denn das Problem bleibt ja bestehen: Warum braucht man eine Taufe, wenn man grundsätzlich auch ohne Taufe in den Himmel kommen kann?

Trotz dieser Schwierigkeit sprach sich ein gewisser Joseph Ratzinger bereits 1985 – damals allerdings noch ohne Weisungsbefugnis – gegen diese Lehre aus. Auch Johannes Paul II. (→ Papst) setzte sich heimlich über sie hinweg, indem er sie in seinem Welt-Katechismus von 1992 einfach gar nicht erwähnte. Aber erst am 20. April 2007 wurde die Vorhölle offiziell abgeschafft: Damals genehmigte Benedikt XVI. eine gleichlautende Empfehlung der »Internationalen Theologischen Kommission«. Ihrer Ansicht nach widerspricht die Vorstellung eines Limbus der besonderen Liebe Christi zu den Kindern.

*Ingo Schütz*

# Wandlung

Die Wandlung von Brot und Wein in den Leib und das Blut Jesu Christi während der Eucharistiefeier (→ Eucharistie) ist schon schwer genug zu verstehen. Dass die Theologen mit dem lateinischen Wort »Transsubstantiation« gleich noch ein Fachwort für diese »Wesensverwandlung« gefunden haben, wundert nicht. Dabei ist die »Wandlung« eigentlich gar keine Verwandlung. Gerade kein billiger Jahrmarktzauber. Es geht nicht darum [wie auf Handzetteln zu sehen und zu lesen ist, die gerne von besonders Frommen auf Katholikentagen (→ Katholikentag) verteilt werden], dass nach der Wandlung im Teig der Hostien mikroskopisch Fleischzellen sichtbar werden und der gegorene Traubensaft die Lust der Vampire wecken könnte.

Wandlung geschieht nach katholischem (→ katholisch) Verständnis nicht durch die Taten des Priesters (→ Pfarrer/Priester), sondern durch den Willen Gottes, den Menschen so nahe wie möglich zu kommen. Für viele Menschen, besonders auch Protestanten (→ Reformation) [mit einem anderen Abendmahlsverständnis (→ Abendmahl), aber deshalb noch lange nicht weniger Glauben (→ Glauben) an die reale Präsenz Gottes], mutet diese Debatte oftmals lebensfremd an, fernab ihrer Frömmigkeit und Realität.

Es bleibt deshalb zu hoffen, dass das große Geschenk der Nähe Gottes in Brot und Wein nicht vor lauter theologischer Debatte noch länger Hauptspaltungsgrund bleibt. Auch diese Spaltung wird Wandlung zur Einheit erfahren. Ganz sicher.

*Marcus C. Leitschuh*

## Weihnachten

»Stille Nacht, heilige Nacht«? Nix da! Als Jesus (→ Jesus) geboren wurde, jagte der römische (→ Rom) Kaiser Augustus mit seiner Besatzungsmacht wegen seiner verrückten Volkszählung die Bevölkerung kreuz und quer durchs Land. An jeder Straßenkreuzung römische Militärkolonnen. Es waren Tage wilder Hektik. Und nur um die Steuern neu festzusetzen. Reine Schikane, dass alle Leute sich an ihrem Geburtsort registrieren lassen sollten! Der Kaiser hatte schon damals die gleichen Probleme wie unser Finanzminister: zu viele Löcher in der Staatskasse. Sprich: Es drehte sich schon damals alles ums Geld. Und da hört ja meistens die Gemütlichkeit auf. Die Geburt Jesu war also ein eher unruhiges Ereignis.

Was mich an dem Weihnachtsklimbim so stört, ist der süßliche Kitsch mit Engelein (→ Engel) und putzigem Christkindchen (→ Christus) im lockigen Haar und so. Rummel und Ungerechtigkeit, Sorgen und Ärger gab es damals jede Menge, aber keine süßliche Eia-Popeia-Stimmung.

Stattdessen: Stress um die Schwangerschaft. Josef (→ Josef) musste seine Frau entweder verklagen oder sich durch stille Vereinbarung von ihr trennen, weil sie schwanger war, ohne mit ihm geschlafen zu haben. Keine Familienidylle. Außerdem: Herodes wollte Jesus umbringen lassen, weil er sich in seiner Macht bedroht fühlte. Abgrundtiefe Grausamkeit verbanden die Juden mit dem Namen Herodes. Keine Glühweinstimmung. Ein Engel des Herrn erschien deshalb dem Josef und riet ihm, samt Familie nach Ägypten zu fliehen.

Als die Engel den Hirten erschienen, packte die hartgesottenen Männer Furcht und Zittern. Kein spirituelles Glücksgefühl. Gott wird als Mensch geboren, um uns aus unserem Schlamassel zu retten. Friede auf Erden? Nun: Wut lag in der Luft. Die Menschen machten zwei Fäuste in der Tasche. Und die jüdischen Terroristen nahmen die Gelegenheit wahr, ein paar Verräter hinterhältig zu ermorden. Die Straßen waren nicht sicher – vor allem nicht nach Einbruch der Dunkelheit. Viele machten ein Bombengeschäft. Die Hotels waren überfüllt. Jeder Schuppen wurde zu Wucherpreisen vermietet.

Die Eltern Jesu finden deshalb kein Quartier. Die Geburt des Gottessohns (→ Gott) findet in einem Stall statt. Und das war kein Stall aus dem Bastel-Set von Playmobil. Das war auch kein euro-genormter Stall mit artgerechter Tierhaltung, das war eine Höhle, in den Fels geschlagen, weil es da erträglicher war für Mensch und Tier bei 40 Grad im Schatten (nicht »Leise rieselt der Schnee«). Der Futtertrog musste als Wiege herhalten. Kein bisschen Idylle. Weihnachten war Stress, ganz wie in unserem Leben. Jeder sollte damals kapieren, dass Gott ihn in seiner Alltagswelt treffen will. Gott wird wirklich einer von uns.

*Arno Backhaus*

# Weihnachtsgans

Der Gänsebraten zum Weihnachtsfest geht auf den Brauch der Martinsgans zurück. Vor der adventlichen Fastenzeit (→ Fasten) wurde und wird sie am 11. November gegessen. Diese in Vergessenheit geratene Fastenzeit vor Weihnachten (→ Weihnachten) endete dann wieder mit dem Festbraten am 1. Feiertag. Der Heilige Abend selbst gehörte aber noch zum Fasten. Deshalb wählte man dafür traditionell Fisch.

Um die Martinsgans gibt es viele Legenden. Eine besagt, dass das Volk von Tours den späteren heiligen (→ Heilige) Martin zum Bischof haben wollte. Der jedoch fühlte sich unwürdig und versteckte sich vor seinen Fans in einem Gänsestall. Das Schnattern der Gänse verriet ihn und er konnte der Bischofsweihe (→ Bischof) nicht mehr entkommen. Der Weg vom verräterischen Federvieh in den Backofen ist allerdings noch nicht logisch erschlossen, denn eigentlich müsste man den schmackhaften Tierchen doch für den Verrat dankbar sein.

Eine andere Legende spricht davon, dass die Gänse Martin während einer Predigt in der Kirche (→ Kirche) besuchten. Das kam überhaupt nicht an – und jetzt führt die Logik auch in den Kochtopf.

*Marcus C. Leitschuh*

# Weihrauch

Unter Messdienerinnen und Messdienern (→ Ministranten) gehört der Weihrauch zur Königsdisziplin. Es dauert schon einige Zeit und Erfahrung, bis man das Weihrauchfass schwenken oder mit dem »Schiffchen« in der Hand die kleinen Harzkugeln nachlegen darf. Fingerspitzengefühl und Technik gehören dazu, damit den ganzen Gottesdienst (→ Gottesdienst) über gleichbleibend viel duftender Nebel aus der durchlöcherten Kugel mit der Kette dran kommt. In jedem Fall zum Segnen des Evangeliars (→ Evangelium) und bei der Wandlung muss dann genug herauskommen, eventuell zum passenden Moment dafür eine zweite Kohle angeheizt werden.

Weihrauch (von althochdeutsch »wîhrouch« = »heiliges Räucherwerk«) bezeichnet zum Räuchern verwendete Harze sowie die Pflanzenarten, aus denen diese Harze gewonnen werden, und schließlich den Rauch selbst. Symbolisch steht der Weihrauch zunächst für Reinigung, Verehrung und Gebet (→ Gebet).

In der katholischen Liturgie wird Weihrauch vor allem in der Messe (→ Messe) und der Verehrung der Eucharistie (→ Eucharistie) außerhalb der heiligen Messe verwendet. Brot und Wein, der Altar (→ Altar), das Evangeliar, der Priester (→ Pfarrer/Priester), das Kreuz (→ Kreuzigung), die Osterkerze (→ Ostern), die Weihnachtskrippe (→ Weihnachten) und die Gläubigen (→ Glauben) insgesamt werden mit einem Weihrauchfass beweihräuchert. Bei Begräbnissen auch der Sarg und das offene Grab.

Evangelische (→ evangelisch) Kirchen (→ Kirche) entdecken zunehmend den Weihrauch als Unterstützung des Gebetes wieder. Dazu steht zum Beispiel eine Schale mit Kohlen auf dem Altar. In der orthodoxen Liturgie wird Weihrauch als »Duft des Himmels« verwendet und reichlich genutzt. Erfunden haben die Christen (→ Christen/Christinnen) den Weihrauch aber nicht. Im Tempel von Jerusalem befand sich vor dem Vorhang des Allerheiligsten der Rauchopferaltar. Bei den ägyptischen Pharaonen wurde Weihrauch bei Kulthandlungen und bei der Mumifizierung verwendet. Hier galt der Rauch als »Schweiß der Götter«.

Weihrauch ist etwas für die Sinne, feierlich, besonders. Er steigt empor, so wie unsere Gebete. Und ebenso verflüchtigt er sich auch, muss immer wieder erneuert werden.
*Marcus C. Leitschuh*

## Weihwasser

Eine alte Dame füllte sich in meiner Kirchengemeinde (→ Gemeinde) jeden Samstag eine Plastikflasche aus dem Weihwasserkessel ab. Was sie damit die Woche über tat, habe ich nie zu fragen gewagt. Die Gerüchte reichten vom Zähneputzen bis zum täglichen Benetzen mit dem Kreuzzeichen und einem Esslöffel Weihwasser zum Kochen.

Noch beliebter war das »Osterwasser«, das in der Osternacht (→ Ostern) geweihte Taufwasser (→ Taufe). Da setzte dann ein regelrechter »Run« ein. Streng genommen ist das Wasser im Kessel normales Wasser, über dem ein Segensgebet gesprochen wurde. In der katholischen (→ katholisch) und orthodoxen Kirche (→ Kirche) dient es vor allen Dingen zur Tauferinnerung (→ Taufe). Im Brauchtum wurde es aber immer auch zum allgemeinen Segen für die benetzten Gegenstände und zum Schutz vor Dämonen genutzt. Weisheiten wie, »Jemand scheut dies und das wie der Teufel das Weihwasser« belegen das auch heute noch.

Symbolisch vereint das Weihwasser alle Bedeutungsebenen des Wassers. Vom Leben bis zur Reinigung. Auch in anderen Religionen, besonders im Islam und im Judentum, hat das rituelle Reinigen für religiöse Handlungen eine große Bedeutung. Davon ist in der katholischen Kirche noch das Benetzen der Finger zum Kreuzzeichen an den Eingängen der Kirchengebäude geblieben. Zauberwasser aber ist es ganz sicherlich nicht.

*Marcus C. Leitschuh*

## Wein

Woran erkennt man nun wirklich, ob man sich auf einem Evangelischen (→ evangelisch) Kirchentag (→ Kirchentag) oder dem Katholikentag (→ Katholikentag) befindet? Auf dem evangelischen »Markt der Möglichkeiten« findet man keine Weinprobe, wohingegen auf der katholischen (→ katholisch) »Kirchenmeile« am Stand des Bistums Trier Riesling aus den »Bischöflichen Weingütern« verkostet wird.

Und da die Katholiken ja praktisch veranlagt sind, kann man auch gleich per Bestellkarte und Bankeinzug eine Kiste bestellen. Die Idee ist gut, eine kirchliche (→ Kirche) Großveranstaltung soll ja schließlich gesellig ablaufen, wobei mir die Katholikentage noch nicht durch Exzesse aufgefallen sind. Richtig ist aber, dass die Katholikentagsstände nach der Schließung mit ihren kleinen Sektempfängen doch eher den berühmt-berüchtigten Verlagsfeten auf der Frankfurter Buchmesse gleichen.

Wein, das Zeichen der Lebensfreude, kommt schon bei Jesu (→ Wein) erstem Wunder ins Bewusstsein, als er in Kana aus Wasser Wein macht, damit die Feier kein jähes Ende finden muss – denn wo kein Wein, da gingen die Gäste. Doch christliche Freude ist keine oberflächliche Weinseligkeit: Beim Abendmahl (→ Abendmahl) wird Wein zu Blut (→ Wandlung). Ohne Tod keine Auferstehung, ohne Leid keine Freude.

*Marcus C. Leitschuh*

# Wunder

»Wunder gibt es immer wieder.« Mit diesen Worten sang sich einst Katja Ebstein beim Grand Prix in die Herzen der Europäer. Aber streng genommen hatte sie mit ihrer Behauptung Unrecht. Denn ein Wunder ist etwas Einmaliges, etwas, das sich nicht einfach wiederholen lässt. Es ist eine Durchbrechung im Ablauf des Alltags. Dinge, die es »immer wieder« gibt, zählen nicht zu dieser Kategorie!

Klingt nach einer guten Definition? Ist aber nicht unumstritten. Denn seit der Aufklärung hält sich hartnäckig das Gerücht, ein Wunder sei als Durchbrechung der Naturgesetze definiert. So verstehen es auch die meisten Menschen heutzutage. Aber gerade wenn man nach den Wundern in der Bibel (→ Bibel) fragt, trägt diese Vorstellung nicht: Schließlich waren die Naturgesetze zur Zeit der Bibel keineswegs feste Größen wie heute. Ob sich ein Wunder – etwas Einmaliges, Staunenswertes – nach den Gesetzen der Natur abspielte oder nicht, war den Menschen damals völlig egal, schon weil sie damit weit weniger vertraut waren. Entscheidend war die Frage, ob durch einen Vorgang Gott (→ Gott) zur Sprache kommt und erlebt werden kann. Und viele wissen aus ihrem eigenen Glaubensleben, dass dies durchaus ein Geschehen sein kann, das mit den Naturgesetzen vollkommen übereinstimmt.

Was sollen wir also von den Wundern der Bibel halten, insbesondere von den Wundern Jesu (→ Jesus)? Ist er nun übers Wasser gelaufen oder nicht? Die einen tun das als mythologische Dichtung ab oder glauben an eine symbolische Bedeutung. Die anderen beharren auf der absoluten Wahrheit der Überlieferung und halten an dem übernatürlichen Geschehen fest. Gangbar dürfte aber vor allem der Weg der Mitte sein: Wer von solchen Wundern Jesu schrieb, der war fest überzeugt, dass durch diesen Menschen etwas ganz Besonderes, Unwiederholbares geschieht. Eben, dass Gott zur Sprache kommt. Diese Überzeugung gilt heute immer noch. Und ob einer dazu noch übers Wasser laufen kann, ist schon fast zweitrangig.

Übrigens ist das Vollbringen eines echten Wunders – nun durchaus als Überwindung der Naturgesetze verstanden – die Voraussetzung für die Selig- und Heiligsprechung in der katholischen (→ katholisch) Kirche (→ Kirche). Papst (→ Papst) Johannes Paul II. befindet sich posthum mitten in diesem Prozess. Unter den zahlreichen Wundern, die er vollbracht haben soll, wählte man die Heilung einer französischen Ordensschwester von der Parkinson-Krankheit. Wunder als etwas Unwiederholbares, in dem Gott zur Sprache kommt, gibt es eben doch – immer wieder.

*Ingo Schütz*

# YMCA

»YMCA« ist nicht nur der Welthit einer faschingskostümierten Boygroup aus den späten Siebzigern, sondern auch die dazugehörige internationale christliche Jugendorganisation, die hierzulande als »CVJM« bekannt ist. Diese Abkürzung steht für »Christlicher Verein junger Menschen«, wobei das »M« bis in die 70er-Jahre hinein noch für »Männer« stand.

Weltweit gehören zum YMCA und seinen Schwesterorganisationen etwa 45 Millionen Menschen in über 120 Ländern. Die Struktur der Gemeinschaften ist konsequent basisorientiert: In Deutschland sind rund 330 000 Menschen in etwa 2 200 unabhängigen Vereinen Mitglied; damit ist der CVJM die größte überkonfessionelle christliche Jugendorganisation in Deutschland. Überkonfessionell? Laut Selbstdarstellung auf jeden Fall, auch wenn sie stark protestantisch (→ Reformation) geprägt ist.

Der Zusammenhalt der Vereine wird über Landesverbände und den CVJM-Gesamtverband gewährleistet. 99 % aller Mitarbeiter sind übrigens ehrenamtlich tätig. Zu den Kernaktivitäten des CVJM zählen die Verbreitung und Vertiefung des Glaubens (→ Glauben) unter jungen Menschen, soziales Engagement, Musik und Sport. So wurden die Sportarten Basketball und Volleyball gegen Ende des 19. Jahrhunderts im Rahmen des YMCA erfunden.

In CVJM-Gästehäusern kann man preiswert übernachten, auf CVJM-Freizeiten können Jugendliche preiswert ihren Urlaub ohne die Eltern verbringen. Und da für die Mitgliedschaft nur das mentale, nicht das biologische Alter zählt, gibt es in vielen Ortsvereinen mittlerweile auch eine Seniorenabteilung – auch Jünger werden älter und gehen dann passenderweise auf fromme Kreuzfahrten.
*Martin Schultheiß*

# Ysop

Ein echtes Wort mit »Y« für dieses Buch zu finden, ist gar nicht einfach. Da fiel mir »Ysop« ein, für die Botaniker »Hyssopus officinalis«, auch »Josefskraut« genannt. Ysop ist ein Halbstrauch aus der Familie der Lippenblütler und bedeutet im Arabischen so viel wie »heiliges Kraut«. Josef und »heiliges Kraut« könnten also in dieses Buch über das Christliche passen.

Ysop ist eine bis zu 60 cm hohe Staude. Traurige Berühmtheit erfuhr die Pflanze in der Bibel (→ Bibel), weil die römischen (→ Rom) Soldaten unterm Kreuz (→ Kreuzigung) auf die Bitte des dürstenden Jesus (→ Jesus) hin einen Schwamm mit Essig auf einen Ysopzweig steckten und ihm damit die Lippen benetzten. Das Zusammenziehen der Organe auf den Essigreiz beschleunigte aber eher noch den Tod, als dass es Durst nach Leben stillte.
*Marcus C. Leitschuh*

# Zentralkomitee der deutschen Katholiken

Zentralkomitees gehören in der Regel der sozialistischen Vergangenheit an. China leistet sich noch eines – und die Katholiken (→ katholisch) in Deutschland. Doch können die Katholiken in diesem Fall zu Recht sagen, dass sie eher da waren. Karl VI. zu Löwenstein-Wertheim-Rosenberg gründete nämlich schon 1848 den »Katholischen Verein Deutschlands« als Vorläuferorganisation. 1952 gab man sich den Namen »Zentralkomitee der deutschen Katholiken« (ZdK).

Die Vollversammlung dieses Komitees besteht aus etwa 230 Mitgliedern. 97 Mitglieder werden von der »Arbeitsgemeinschaft der katholischen Organisationen Deutschlands« gewählt, 84 Mitglieder kommen aus den Laienvertretungen der deutschen Diözesen (Katholikenräte bzw. Diözesanräte) (→ Diözese), 45 Mitglieder werden als Einzelpersönlichkeiten hinzugewählt. Diese entstammen meist der Politik oder dem öffentlichen Leben. Es ist das von der Deutschen Bischofskonferenz (→ Bischof) anerkannte Organ, das die Kräfte des Laienapostolats koordiniert. Im Klartext: Es ist das höchste beschlussfassende Organ der katholischen Laien.

Wirklich zu entscheiden haben die Laien allerdings wenig, denn die Kirchenpolitik wird in Rom (→ Rom) und von den Bischöfen gemacht. So bleibt es bei Appellen, die allerdings bisweilen dann doch Folgen haben und beachtet werden. Bekannt ist das ZdK einer breiten Öffentlichkeit als Träger der Deutschen Katholikentage (→ Katholikentag).

Als junger Pfarrgemeinderatssprecher (→ Presbyterium) wollte ich in den Katholikenrat, weil mir gesagt wurde, dass dort die Entscheidungen gefällt werden, nicht in der Kirchengemeinde vor Ort. Doch auch »eine Etage höher« begegnete mir das Gleiche. Nun bin ich schon in der dritten Wahlperiode im ZdK, und der Einfluss ist beschränkt, aber trotzdem nicht zu unterschätzen. Vielleicht würde man seine Bedeutung erst dann wirklich erkennen, wenn es dieses Gesprächs- und Entscheidungsforum der Laienkatholiken nicht mehr geben würde.

*Marcus C. Leitschuh*

# Zimbel

Die Zimbel ist ein antikes Schlaginstrument: zwei aufeinander abgestimmte Schallbecken (zwei Metall-Tellern ähnlich), die entweder aneinandergeschlagen werden oder mit einem Schlägel geschlagen werden. Sie erzeugen dabei einen hellen, metallischen Ton, ähnlich dem Becken oder einer sehr lauten Triangel.

In der Bibel (→ Bibel) ist die Zimbel vor allem bekannt durch den Psalm 150. In modernen Lobpreisgottesdiensten wird die Zimbel heute adäquat ersetzt durch das Schlagzeug mit »hell klingenden Zimbeln«: Ride-Becken, Crash-Becken und HiHat. Mit einem angemessenen Rhythmusgefühl lässt sich die Zimbel der phonetischen Verwandtschaft gemäß auch recht simpel spielen.

*Volker Schmidt-Bäumler*

## Zölibat

Der Zölibat (von lat. caelebs »allein, unvermählt lebend«) ist nichts ursprünglich Katholisches. In Ehelosigkeit und zugleich als Mönch, Nonne, Einsiedler oder sozial-diakonisch tätig zu leben, dieses Modell kennen viele Religionen. Die Hingabe an den Dienst soll nicht durch die Erotik »abgelenkt« werden. Das hat nicht automatisch etwas mit Erotikfeindlichkeit zu tun. Auch unabhängig von religiösen Berufungen war früher das ehelose Leben in vielen Berufszweigen verbreitet. Nur war mit der frei gewählten Ehelosigkeit nicht automatisch der vollständige Verzicht auf eine ausgelebte Sexualität verbunden. Wie katholische Priester, Mönche und Nonnen das genau machen, das kann ich nicht beantworten. Klar ist, dass sie natürlich sexuelle Wesen bleiben und auch für sie die Ausstrahlung eines Menschen eine erotische Reaktion auslöst. Aber das ist ja bei Ehepartnern nicht unähnlich.

Im Jahre 1022 ordnete Papst Benedikt VIII. gemeinsam mit Kaiser Heinrich II. an, dass alle Geistlichen künftig nicht mehr heiraten dürften. Ein Grund dafür war freilich, dass Kirchenbesitz nicht an die Kinder vererbt werden sollte. Bis zum Zweiten Laterankonzil 1139 gab es verheiratete und unverheiratete Priester, die aber in jedem Fall zur sexuellen Enthaltsamkeit aufgerufen waren.

Viele Menschen glauben, dass es zwar ein Wert ist, sich frei für den Zölibat zu entscheiden, aber der Kirche wertvolle Erfahrungen und Menschen durch den Zwang zum Zölibat als Vorraussetzung für die Priesterweihe verloren gehen.

Gerne wird die Ehelosigkeit »um des Himmelreiches willen« (Mt 19,12) als Grund für den Zölibat genannt. Nicht aus dem Blick verlieren darf man freilich, dass es dabei auch um die Menschen auf der Erde geht, um »deren Willen« sich die Seelsorge schließlicht dreht. Letztlich entscheidend ist, dass der Zölibat nicht der Kern des Christseins und des Priesteramtes ist und er über die Jahrhunderte hinweg immer wieder Veränderungen erlegen war, die auch noch heute möglich sind.

*Marcus C. Leitschuh*

# Zungenrede

In den abendländischen Großkirchen (→ Kirche) weithin unbekannt, ist das Reden in Zungen ein weltweit verbreitetes Phänomen, das vor allem in der charismatischen Bewegung und in Pfingstkirchen (→ Pfingsten) eine große Rolle spielt. Es handelt sich dabei um die Fähigkeit, in Sprachen zu reden, die man nicht gelernt hat. Handelt es sich dabei um eine echte Fremdsprache, spricht man von »Xenoglossie«, wobei dieses Phänomen sehr selten (oder vielleicht auch gar nicht) auftritt. In der Regel handelt es sich bei der Zungenrede aber um sogenannte »Glossolalie«, um das Sprechen in einer unverständlichen Sprache.

Von den Befürwortern dieser Praktik wird sie als Kennzeichen besonderer Gottesnähe (→ Gott) betrachtet, als »Taufe mit dem Heiligen Geist« (→ Heiliger Geist) gedeutet und als Reden in der Sprache der Engel (→ Engel) oder des Himmels bezeichnet. Bei vielen unvorbereiteten Beobachtern löst sie allerdings Irritation oder gar Angst aus. Manche vermuten dahinter sogar einen »Geist von unten«, also Teufelswerk. Einige Forscher deuten die Glossolalie als Form der Ekstase, wobei sich im Gegensatz dazu viele Zungenredner darauf berufen, dass sie keinerlei Bewusstseinstrübung unterliegen und jederzeit volle Kontrolle über sich haben. Wer sich einen ersten Eindruck von diesem manchmal wahrhaft »umwerfenden« Phänomen verschaffen möchte, findet im Internet unter Suchbegriffen wie »Glossolalia« oder »Holy Ghost« eine Fülle von Filmsequenzen.

Vielen Christen (→ Christen/Christinnen) hierzulande ist gar nicht bewusst, dass der Pfingstfeiertag an den Tag erinnern soll, an dem in der christlichen Urgemeinde zum ersten Mal das Phänomen des Zungenredens auftrat. Lukas berichtet von dieser »Ausgießung des heiligen Geistes« sehr lebhaft im zweiten Kapitel der Apostelgeschichte. In Korinth gab es dann einige Jahre später offensichtlich gewaltigen Ärger mit Gemeindegliedern, die sich auf diese Gabe etwas einbildeten und sich für bessere Christen hielten. Anlass genug für Paulus, der übrigens selbst auch in

»Engelszungen« reden konnte, einen geharnischten Brief zu schreiben und die Korinther darauf hinzuweisen, dass ohne Liebe auch die tollsten Fähigkeiten völlig unnütz sind.
*Martin Schultheiß*

# Zweifel

»Es sind die Zweifel, die die Menschen vereinen. Ihre Überzeugungen trennen sie.« Mit diesem lapidaren Satz bringt Sir Peter Ustinov die Problematik auf den Punkt: Wer Zweifel unterdrückt, landet nur zu leicht in den Fängen des Dogmatismus. Leider betrachten einige christliche Kreise den Zweifel als einen natürlichen Gegner des Glaubens (→ Glauben) und erteilen bisweilen den seelsorgerlichen Rat, man solle doch mit aller Kraft gegen seine Zweifel »anglauben«. Biblisch (→ Bibel) begründet ist solcher Rat nicht, immerhin hat Jesus (→ Jesus) dem »ungläubigen« Thomas bewusst die Möglichkeit gegeben, sich mit eigenen Augen von der Auferstehung zu überzeugen.

Im christlichen Abendland galt der Zweifel lange als ein Übel, das möglichst rasch beseitigt werden muss. Erst mit der Aufklärung wurde er salonfähig, allen voran durch René Descartes, der seine Philosophie auf dem radikalen Zweifel aufbaute: »Ich denke, also bin ich.« Neu war dieser Gedanke übrigens nicht; der Kirchenvater Augustinus hatte ihn schon über 1200 Jahre zuvor geäußert. Etwas heiterer und leichter dringt der gleiche Gedanke übrigens auch aus anderen Kulturen zu uns. So besagt ein persisches Sprichwort: »Zweifel ist der Schlüssel zum Wissen.«

Und der indische Volksmund formuliert es noch poetischer: »Der Zweifel ist das Wartezimmer der Erkenntnis.«

Wer seine Überzeugungen nicht von Zeit zu Zeit einer gründlichen Revision unterzieht, ist immer der Gefahr ausgesetzt, dass sie sich eines Tages als Trugbild erweisen und ins Wanken geraten. Ein solider, wetterfester Glaube ist ohne Zweifel gar nicht möglich. Und wer von der Annahme ausgeht, dass »jeder Mensch auf eine andere Weise dumm« ist, kann auf Andersdenkende in aller Offenheit zugehen. An dieser Stelle sei ausdrücklich die Strategie von André Gide empfohlen: »Glaube denen, die die Wahrheit suchen, und zweifle an denen, die sie gefunden haben.«

*Martin Schultheiß*

## Zweites Vatikanisches Konzil

Über 2400 katholische Bischöfe (→ Bischof) der katholischen (→ katholisch) Kirche (→ Kirche) aus nahezu allen Erdteilen kamen in Rom (→ Rom) zusammen, um auf dem »Zweiten Vatikanischen Konzil« (1962–1965) die katholische Kirche in eine neue Zeit zu führen und neue Impulse für die Einheit der Christen (→ Christen/Christinnen) zu geben. Die ganze Wahrheit des Glaubens sollte auf eine neue Art ausgesagt werden. Es war das 21. Ökumenische Konzil in der Geschichte der katholischen Kirche und ist bis heute das letzte, das stattgefunden hat.

In Abhebung zu den vorhergehenden Ökumenischen Konzilien sollten nicht primär Glaubenssätze (→ Glauben) verbindlich formuliert und Lehrverurteilungen ausgesprochen werden, sondern vor allem eine Anpassung (nicht: Angleichung) der katholischen Kirche an die moderne Welt vorgenommen werden. Das Glaubenserbe der Kirche sollte im Blick auf die gegenwärtige Welt zeitgemäß verkündet, das heißt: so formuliert werden, dass es den Zeichen der Zeit und den sprachlichen Ausdrucksformen des modernen Denkens entspricht. »Aggiornamento« (= Heutig-Werden) der Kirche – wie Papst (→ Papst) Johannes XXIII. es formulierte – war Aufgabe und Ziel des Zweiten Vatikanischen Konzils. Dementsprechend wird es auch als »Pastoralkonzil« bezeichnet, auf dem jeder Anschein einer rechtlichen Diktion vermieden wurde.

Bekannte Stichworte der auf dem Konzil vollzogenen Reformen sind die Volk Gottes- und Communio-Theologie mit der darin vollzogenen Aufwertung der Laien im Verhältnis zu den Klerikern, die Neubewertung der Ortskirche (→ Gemeinde) und des Bischofsamtes in ihrer Eigenständigkeit gegenüber der Gesamtkirche und dem Papst, die Erneuerung der Liturgie durch die Einführung der Muttersprache und die Hervorhebung der aktiven Teilnahme aller Mitfeiernden, die positive Hinwendung zu und das Ernstnehmen von gesellschaftlichen und weltlichen Gegebenheiten der Menschen, die Anerkennung der Religions- und Gewissensfreiheit wie auch des ökumenischen Anliegens und die Bereitschaft zum Dialog mit anderen Religionen und Weltanschauungen.

*Sabine Demel*

# Die Autorinnen und Autoren

**Arno Backhaus**, Jg. 1950, lebt in Calden bei Kassel, ist seit mehr als 38 Jahren mit der gleichen Frau verheiratet und hat 3 erwachsene Kinder. Nach dem Studium als Sozialarbeiter schloss er sich mit ein paar Freunden zu einer Gemeinschaft zusammen, aus der die »Christusgemeinde am Airport« entstand. Als E-fun-gelist, Liedermacher, Aktionskünstler und Kinder-Arno-mateur ist er zu unterschiedlichsten Veranstaltungen im ganzen Bundesgebiet unterwegs. Früher als Teil des ersten tiefsinnigen Blödelduos »Arno & Andreas« bekannt, heute immer mehr als Autor beliebter Bücher, unter anderem: »Lache über deinen Nächsten wie dich selbst«. Grell und still, fromm und lustig, Ernst und Klamauk verbindet er wie kaum jemand sonst.

**Sabine Demel**, Jg. 1962, katholisch, ist Professorin für Kirchenrecht an der Universität Regensburg. Mitglied im »Zentralkomitee der deutschen Katholiken« und des »Katholischen Deutschen Frauenbundes« sowie Gründungsmitglied von »DONUM VITAE in Bayern e.V.«. Sie bildet an der Uni künftige Priester, PastoralassistentInnen und ReligionslehrerInnen aus, hält Vorträge und schreibt Bücher. Sie spielt aber auch Tennis, vergnügt sich beim Radfahren, ersteigt Berggipfel und fiebert mit dem Drittligisten SSV Jahn Regensburg um seinen Klassenerhalt. Wenn dann noch Zeit bleibt, versucht sie, ihrem Ehemann zuliebe Klavier zu spielen. Ihr aktuelles Lebensmotto: Ich gebe nicht jedem die Ehre meines Ärgers! Und: Beten kann man nicht zu viel, aber das Denken darf auch nicht zu wenig werden.

**Jakob Friedrichs**, Jg. 1968, wohnt mit seiner Familie im sonnigen Frankfurt-Rödelheim. Er ist staatlich anerkannter und unglaublich persönlich betroffener Sozialpädagoge. Außerdem Konfliktberater, Prediger, Autor mehrerer Bücher und Lebenskünstler. Jahrelang war er gefeierter und geächteter Kolumnist der Jugendzeitschrift »dran« und verdient sich heute seine Brötchen hauptsächlich auf dreierlei Weise: Als »Berufsjugendlicher« in der evangelischen Andreasgemeinde Niederhöchstadt, wo er für die Jugendarbeit verantwortlich ist, als Berater und Trainer in einem Schulsozialarbeitsprojekt und vor allem mit seinem Freund Volker, mit dem er seit über 20 Jahren als hessisches Musik-Comedy-Duo »superzwei« (früher NIMMZWEI) deutsche Bühnen, Kirchen, CD- und neuerdings auch DVD-Player unsicher macht. Er hat eine Frau, zwei Kinder und mehr DVDs im Schrank, als er selber zählen kann …

**Marcus C. Leitschuh**, Jg. 1972, katholisch, ist Lehrer für Religion und Deutsch in Immenhausen bei Kassel, Mitglied im »Zentralkomitee der deutschen Katholiken« und Berater der Jugendkommission der Deutschen Bischofskonferenz. Wenn er nicht gerade Hauptschülern den lieben Gott und die Transsubstantiationslehre näherbringt, seinen Kleingarten pflegt oder in der Karnevalszeit in der Bütt steht, schreibt er fleißig Bücher. Im Brendow Verlag veröffentlichte er u. a. »Konnte Jesus übers Wasser gehen?«.

**Willibert Pauels**, Jg. 1955, katholisch, ist seit 2007 hauptberuflich Kabarettist, Büttenredner, Karnevalist und nebenberuflich Diakon. Viele meinen deshalb, er hätte den Diakonenberuf »auf Eis« gelegt – das stimmt aber natürlich nicht! Willibert ist nach wie vor mit Leib und Seele katholischer Diakon in seiner Heimatgemeinde St. Nikolaus Wipperfürth und den sieben umliegenden Dörfern. Der Unterschied ist nur: Er ist als Diakon nicht mehr dienstverpflichtet, sondern übt diesen Beruf auf Anfrage aus.

**Lutz von Rosenberg Lipinsky**, Jg. 1965, ist freischaffender Kabarettist und Alleinunterhalter. 1985 stand er zum ersten Mal mit den

»Spiegelfechtern« auf der Bühne, seit 1989 präsentiert er waghalsige Soloprogramme – immer gern auch auf Kirchentagen. Sein aktuelles Programm »gebrochen deutsch« wandert zurzeit über die deutschen Kleinkunstbühnen. Und wenn er mal gerade nicht lustig ist, dann singt er.

**Volker Schmidt-Bäumler**, Jg. 1967, evangelisch, ist Grundschullehrer. Er wohnt mit seiner Familie direkt an der hessischen Grenze zu Baden-Württemberg im idyllischen Gorxheimertal. Mit der Vocatio für Evangelische Religion steht er in Weinheim sozusagen jeden Tag auf der Bühne, um in der Grundschule seine »Löwen im Klassenzimmer« zu bändigen. Seine völlig selbstlose »Wo-ich-bin-ist-vorn«-Mentalität lebt er außerdem noch auf der Bühne aus: Seit 1987 ist Volker Schmidt-Bäumler gemeinsam mit Jakob Friedrichs als Musik-Comedy-Duo »superzwei« (früher NIMMZWEI) unterwegs. Die beiden hessischen Blödelbarden geben durchschnittlich 30–40 Konzerte im Jahr, überwiegend im kirchlichen Bereich, veröffentlichten mehrere Bild- und Tonträger und erfreuen seit Jahrzehnten alle deutschsprachigen Christen und solche, die es noch werden müssen.

**Ingo Schütz**, Jg. 1980, ist ein Mann des Wortes: Sein Studium der (evangelischen) Theologie finanzierte er sich mit Texten, Übersetzungen und Schauspielerei. Die Rede von dem einen unglaublichen Gott stand für ihn dabei immer im Mittelpunkt. Heute wohnt er mit seiner (katholischen) Frau Anke in Niederhöchstadt bei Frankfurt und erzählt den Menschen mit leidenschaftlichen Predigten vom Schöpfer. Nebenbei publiziert er Artikel und Geschichten (für Brendow u. a. in »Alles neu! – Frühlingsgeschichten«). Die Lust an der Ökumene gewinnt Ingo Schütz vor allem aus interkonfessionellen Begegnungen, bei denen man merkt: So mancher Unterschied ist ein Schatz, den man nur gemeinsam bergen kann.

**Martin Schultheiß**, Jg. 1959, evangelisch, ist Verleger, Kabarettist, Musiker, Dozent und Autor. Er studierte leidenschaftlich gerne Physik, war auch schon mal Professor für Elektrotechnik, beschäftigt sich aber mittlerweile hauptsächlich mit Sachbüchern aller Art. Daneben tourt er mit dem Musikkabarett »Duo Camillo« kreuz und quer durch die Lande und leitet einen Gospelchor. Berufschrist wollte er nie werden, er ist lieber Prädikant (ehrenamtlicher Laienprediger) und plädiert als überkonfessionell empfindender Experimentaltheologe auf und fern der Kanzel für ein heiteres, leidenschaftliches und aufgeklärtes Christsein.

**Bruder Paulus Terwitte**, Jg. 1959, ist katholischer Ordensmann und Priester. Er hat sich schon nach dem Abitur auf den Kapuzinerorden festgelegt und findet, dass er da gut hineinpasst: Predigen, ein offenes Wort zu gesellschaftlichen Fragen (er ist Mitglied im »Frankfurter Zukunftsrat«) und unkonventionelle Methoden der Verkündigung von B wie Bloggen bis T wie Twittern. Auf Sat.1 und N24 ist er öfter mit eigenen Sendungen zu sehen.

**Klaus Vellguth**, Jg. 1965, Dr. theol. habil., Dr. rer. pol. und Dipl.-Religionspädagoge (FH) ist Professor für Missionswissenschaft, Leiter der Stabsstelle Marketing von »missio« in Deutschland und zugleich Schriftleiter des »Anzeigers für die Seelsorge«. Einen Schwerpunkt seiner Arbeit bilden Publikationen mit pastoraltheologischem, weltkirchlichem und religionspädagogischem Fokus sowie Veröffentlichungen mit spirituellen Inhalten. Klaus Vellguth ist verheiratet und hat drei Kinder. Er lebt in Aachen.

**Fabian Vogt**, Jg. 1967, ist Pfarrer, Schriftsteller und Künstler. Er hat Theologie, Germanistik und Gesang studiert und arbeitet leidenschaftlich gerne kreativ: in seiner Gemeinde im Vordertaunus und als Medien-Pfarrer. Mehrere seiner Romane und Kurzgeschichtenbände wurden für Literaturpreise nominiert; 2001 gewann er für »Zurück« den »Deutschen Science Fiction Preis«. Zudem schreibt der promovierte Theologe kurzweilige Sachbücher zu geistlichen und gesellschaftlichen Themen – wenn er nicht gerade mit der Kabarettgruppe »Duo Camillo« deutschsprachige Bühnen unsicher macht. Fabian Vogt lebt mit seiner Frau und seinen Kindern in Oberstedten bei Frankfurt.

# Index